光一
Konichi

時空間の吉方位エネルギーを引き出す
無限シフトの方法

超越開運

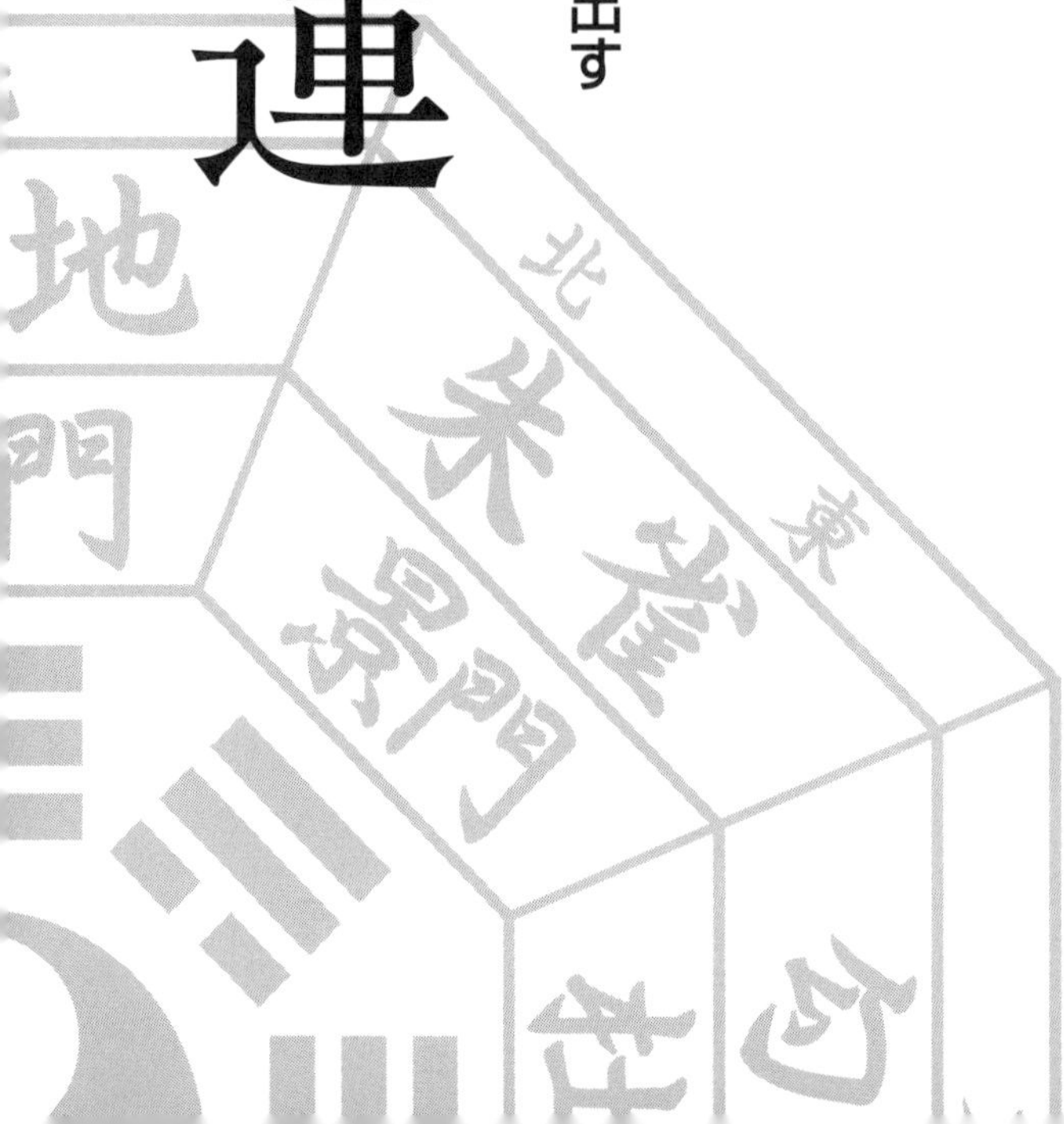

自分の中にある「運命」と言われるフォーマット、
あるいはエネルギーパターンを変容させていけば、
「自分の運命」が変わります。

全てが「意識」なのです。
意識は「エネルギー」です。
全ての体験は「意識」です。

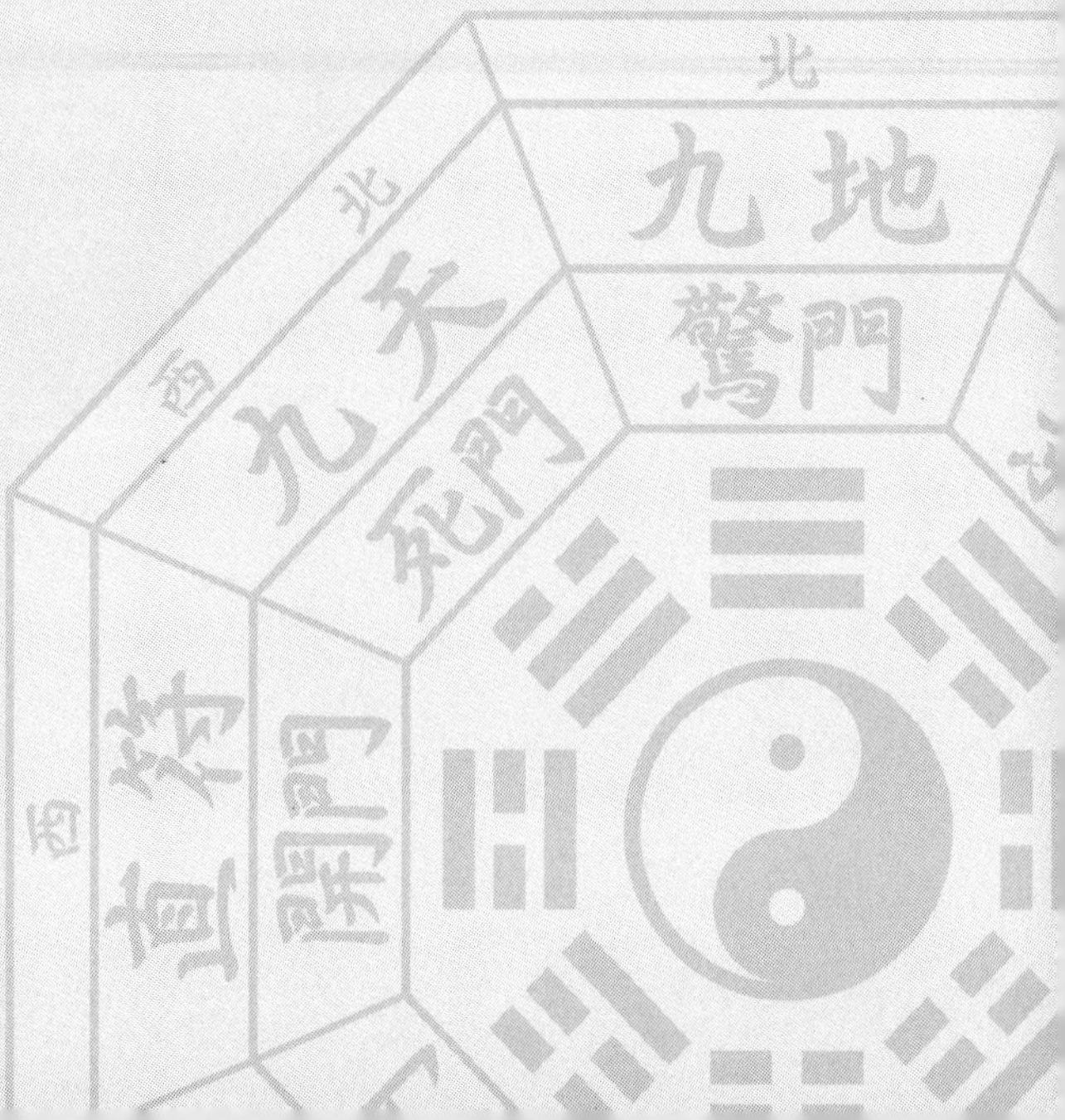

いつ、いかなるときも、
命がある限り、
認識している限り、
いつだって変われます。
運命は変えられます。

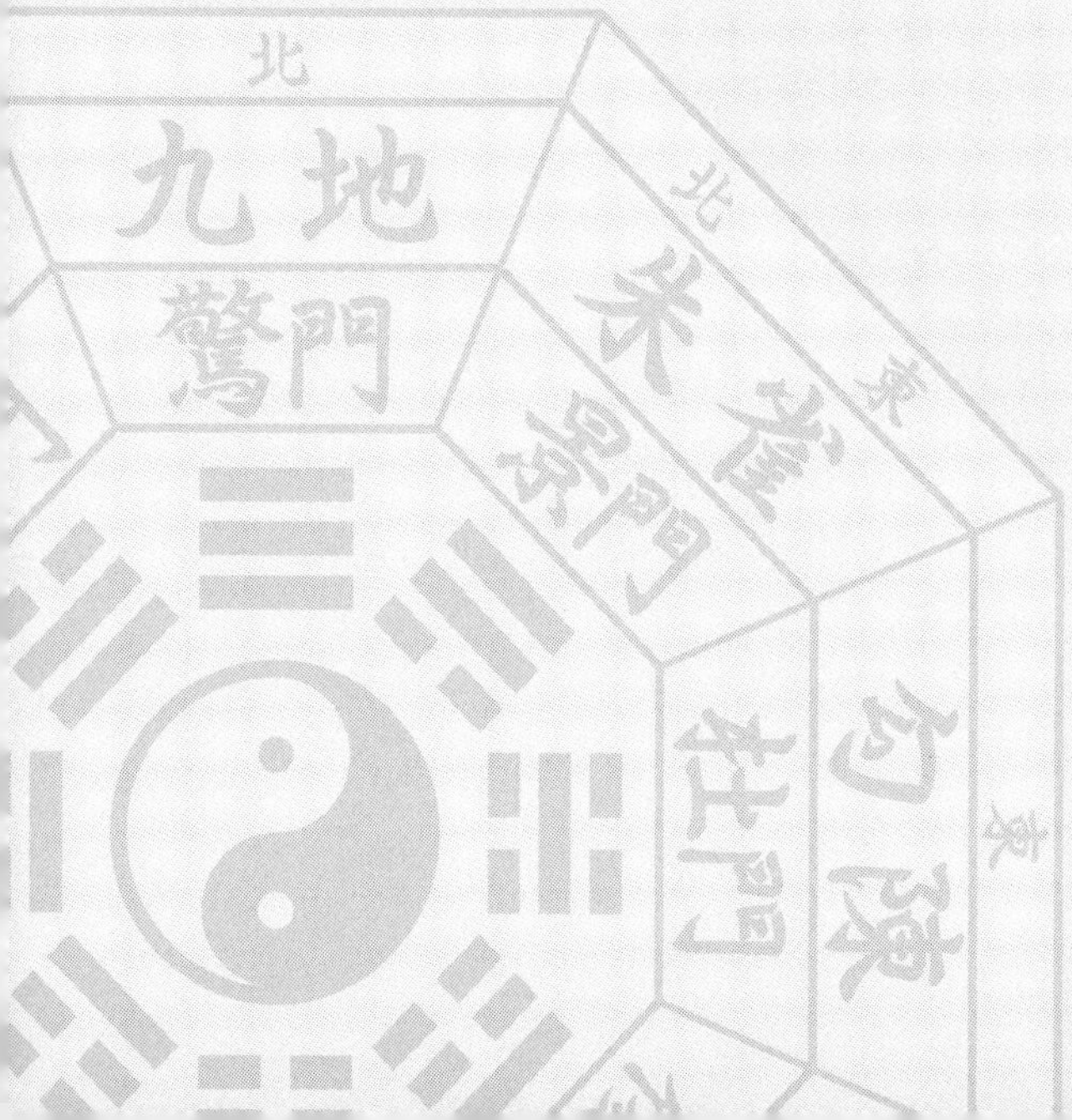

「人の成長は無限」。「開運は無限」。
開運と人間としての成長はほぼイコールです。
無限の成長サイクル、
無限の開運サイクルに乗っていくことができます。

自分がよりよい場をつくる人間として生きていれば、
この世界にいい影響を与えることができます。
あなたがどんどん開運していくことは、
世界の開運につながるのです。

あなたの潜在意識領域の中に
体験のエネルギーパターンが全てあって
それが現実にあらわれてきています。
コントロールするのはあなたなのです。

全ての、日常生活の出来事は、
自分がより成長し、開運していくことに使えます。

目次

《超越開運　序章》

《超越開運　理論編》

《超越開運　実践編》

《超越開運　まとめ》

カバーデザイン　高岡　總（takaokadesign）
編集協力　宮田速記
本文仮名書体　文麗仮名（キャップス）

《超越開運　序章》

小学校時代は暗くて非協調的ないじめられっ子だった

私は物心がついたころには、なぜ人間はロボットのように生きているのだろうと、何となく思っていました。

でも、「私は子どもなんだから、人生とは何かとか、人は何で生きているのかとか、考える必要はないんだ。子どもは子どもらしく生きたほうがいい」と思い、そういうことを考えるのをやめました。

小学校時代の私は、暗くて、消極的で、協調性もなかったので、両親は、「この子は大きくなったら社会人としてやっていけるのだろうか」と心配していたようです。通信簿には、「引っ込み思案で協調性がない」と、いつもネガティブなコメントばかり書かれていました。

親は、小学生のころはたくさん遊んで、いろいろな体験をしてほしいという教育方針だったので、そんなに勉強はしませんでした。ですが、遊ぶといっても、いつもひとり遊びでした。

また、今ほど陰湿ないじめではなかったけれども、当時の私はいじめられっ子だったのです。私がすぐ泣いてしまうものだから、いじめっ子たちはそれがおもしろかったのでしょうか。ますますいじめられる日々でした。

親もとても心配していたので、私は「何とか自分を変えたい。積極的で、協調性のある子どもになろう」と思ったのです。

その結果、中学校に上がった途端に、いじめられっ子から、脱却しました。そのときに、「(良くも悪くも)人は自分を変えることができる」という経験をしたのです。そんな私が自分を変えられたのですから、**誰もが自分を変えていけるはずです。**

運命は性格によってつくられる、という言葉もあるくらいですから、私は、自分自身を変えれば運命が変わるんじゃないか、と考えました。

占いとの出会い。そして「運命は変えられる」

中学校に入ったら、いいやつなのに、家が貧乏でアルバイトばかりしていて、勉強することもほとんどできなくてグレてしまう同級生とか、性格は悪いけれども、金持ちの息子で、はた目にはすごく幸せそうに見えるやつがいました。そしてお金をかけてもらっている子どものほうが、やはり成績がいいんです。そこで私は、「これはいったいどういうことなんだろう」と悩みはじめました。なぜなら、子どもは親を選べないわけです。自分で選んで生まれてきたのかもしれないけれど、そんなふうには思えませんでした。

人は平等だとか言うけれども、私は納得がいきませんでした。生まれたときから決まっていると思いました。これを運命と言うのでしょうか。

そこで、私は中学生なりに、いろいろな占いを学びはじめました。お小遣いをもらったら本屋で占いの本を買い、四柱推命、紫微斗数《しびとすう》、タロット、易、姓名判断、九《きゅう》星気学《せいきがく》……思いつくだけでも、このくらいは勉強しました。

そして、「統計学的な占い」と「直感的な占い」があるということがわかります。

統計学的な占いはリズム論で、天中殺とか、空亡（そらなき、くうぼう）とか、暗剣《あんけん》殺《さつ》とか、月殺《げっさつ》とか、期間（周期）も9年とか10年とか12年とか、それぞれの占いで悪い時期があるのです。ですが、そういうのを全部当てはめていくと、何かしらの占いによって毎年、悪いとされるわけです。

そう考えると、実は、生きること自体がつらいことなのではないか、と思ってしまい、そこには光を見出せませんでした。

高校に入ったころ、「運命は変えられる」と言っている占いに出会いました。それは、九星気学や奇門遁甲《きもんとんこう》といった、方位学や姓名判断です。姓名判断は名前を変えれば運命が変わるという考え方なので、そういう占いは勉強を続けていましたが、宿命論的な占いには希望が見えなかったので離れてしまいました。

それと同時に、「意識」のほうに関心が向きました。例えば方位の話で言うと、「なぜ無意識的にダメな方向に行くのだろう」「なぜ無意識的に良い方向に行くのだろう」というようなことです。

方位学では、良い方向に行けば運が変わるわけですが、それを知らない人は無意識に良い方向や悪い方向に行ってしまう。それはなぜなのか。潜在意識がそうさせているのではないか、ということに気づいたのです。

自分で決めていないのに、そっちの方向に行ってしまうというのは、意識の中に運命のフォーマットがあるからではないか、と。

簡単に言うと、潜在意識の中に、全体の方向として、「私の運命は悪い運命だ」というエネルギーパターンや、「私は自分の運命に殺されてしまう星の下にいるんだ」というエネルギーパターンがあると、それを実現してしまうわけです。

つまり、**自分の中にある「運命」と言われるフォーマット、あるいはエネルギーパターンを変容させていけば、「自分の運命が変わる」ことにつながるのではないか**と考えはじめたのです。

意識とは何か
～顕在意識・集合的潜在意識（集合的無意識）・個人的潜在意識～

ある面では、**全てが「意識」**なのです。意識がなかったら、体験も認識もできない。

それでは、「意識」とは何か。よく心理学の世界では、顕在意識は海の中に浮かぶ氷山のようなもので、海は集合的潜在意識に例えられます。個人的潜在意識の発見者はフロイトで、集合的潜在意識の発見者はユングだと言われています。

意識は「エネルギー」です。エネルギーがどこかから来ているので、私たちは認識しているし、体を使って体験しているのです。

その意識の源がどこかにあるわけです。これは仮説ですが、純粋な意識の場、つまり意味づけされていない意識のエネルギーの場があるはずです。それがなければ体験できないのです。

この純粋な意味づけされていない意識から、いろんな意味づけされているエネルギーのパターンを通って、私たちは認識していくのです。

集合的潜在意識（集合的無意識）のフィールドで言えば、私たちは地球人というエネルギーパターンを通って認識しているはずなのです。

また、私たちは「日本人」というエネルギーパターンを通って認識しています。

個人的な潜在意識のほうに入ってくると、例えば、私は「男性」だというエネルギーパターンを通って認識しているから、男性としての体験が起こってくるわけです。

女性の場合も同様です。

そういう意味では、**全ての体験は意識だと言えるのです。**

#《超越開運　理論編》

認識しているエネルギーパターンを変えれば運命は変わる？

運命という字は「命を運ぶ」と書きます。良い学校に行って、良い会社に就職するとか、学校に行かないで自然とともに生活するとか、それはその人の「運命」とよく言われますが、そういうエネルギーパターンのフォーマットがあって、そこを通して認識しているのです。

ということは、認識しているエネルギーパターンを変えれば、それを体験する必要がなくなるから、運命は変わるのではないでしょうか。

私は幼少時代から、運命とは何か、人間とは何かといったことを考え、苦しみながら、自分を変えてきました。

そのころにやっていたのは、1つめは「自己暗示」です。

消極的だ、引っ込み思案だと言われていたので、「私は積極的な人間だ、積極的な人間だ」と、自分に言い聞かせていました。

今思うと、そのころ、性格というのは完全に固定されているものではないんじゃないかと、どこかで思っていたような気がします。それが自己暗示というテクニックなのだということは、後からわかりました。

もう1つ、積極的な人間だと自分に言い聞かせるのと同時に、「積極的な人間は、こういうときにはどのように行動するのだろうか」と常に考え、そのように振る舞ったわけです。

自分だと思っているものも、潜在意識フィールドにある、これが自分だと思い込んでいるエネルギーパターンなので、そこを変容させていくことで、「私ってこんなにすばらしい人間だったのか」という体験が起こってくるのです。

私は中学生のときに変われましたが、大人になればなるほど、私はこういう人間だと、自分のエネルギーパターンが固定化されて強化してしまう傾向があります。

私も暗い性格はなかなか取れませんでしたが、明るい人間を演じることができるようになりました。だから、誰でもできるのです。

いつ、いかなるときも、命がある限り、認識している限り、いつだって変われます。もうダメだと思ったとしても、**「変わりたい」と思っている自分がいる限り、いつだって変われます。**

そんなに時間はかかりません。私は小学校でずっといじめられていましたが、春休みが終わって中学に入ったときは別人になっていて、いじめっ子たちがいじめに来ると、逆にいじめ返しました。そういう噂はすぐ広まり、私は別人になったとまわりからも思われたようです。

そのころは、思い込みを変えられるかどうかなんて、考える余裕もなかったけれど、変えたいという気持ちがすごく強かったのです。

大人って、変えられるのかしらと考えてしまう。だから、うまくいかないんですね。それよりも、変えたいという思いが大事で、エネルギーが先ということです。

大人になればなるほど考える力が出てくるから、自分ではまってしまうのですが、とにかくやってみましょう。

無限の成長シフトとは？

自著『超越易経』にも書きましたが、「人の成長は無限」だというのが私の考え方です。

ボックスというのは、内なる潜在意識の世界にある、自分が気づかないうちに作ってしまった思い込みなどのことです。これは運命のフォーマットに似ていて、知らず知らずのうちに、自分の性格はこうだとか、自分の運命はこうだとか、自分はこういう星の下に生まれているんだとか、潜在意識的に思ってしまっているボックスがあるのです。そのボックスの中で私たちは人生を生きていて、吉だ凶だ、開運だ、と言っているわけです。

例えば、「私の運命は年収１０００万円が限界だ」というボックスを潜在意識の中に持っていたら、そこに行き着くために開運していくとか、年収が１０００万円より下がらないように開運していくという考え方になってしまいます。

でも、そのボックスを超えれば、年収2000万円だろうが3000万円だろうが得ることができる。これが運命を超える、ということです。

開運というのは、そのステージとボックスによって変わります。私が今回提案したいのは、運命をどんどん超えていって、もっと世界に対して幸せな波動を広げていこうということなんです。

運がいいの、悪いの？　どんどんよくしていけばいいじゃないですか。

開運している？　どんどん開運していけばいいじゃないですか。

あなたの開運は、世界の開運になるのです。

場の共鳴現象「私の運がよくなれば、みんなも幸せになる」

私たちの「意識」、特に顕在意識と潜在意識という概念はご存じでしょう。エネルギー的には、2人以上が一緒の空間で過ごすと、海の中の氷山みたいなものがエネルギー的にかぶってきて、共有の場が生まれます。2人集まれば、2人の場が生まれるということです。これが、**潜在的グループ意識**です。

ここのエネルギーが体験としてあらわれてくるわけですが、シフト（上昇）していくと、その人が上昇する。すると、その波動領域にも影響をもたらします。これがルパート・シェルドレイク（イギリスの生物学者、超心理学者）が提唱している「形態形成場」ができるという話につながるのです。

例えば、100人いて、みんなが幸せで幸せでしょうがないという場があったら、そこに「私は不幸の塊だ」という人が来ても、たぶんその人は不幸を感じられないはずです。その場からエネルギーが上がってくるから。これがパワースポットです。**すばらしい場にいたら、そこの影響下に入る**ので、一時的ですが、ネガティブなことを感じられなくなります。

逆に、ケガレチと言われるネガティブな情報がいっぱいある場所に行くと、「私はハッピー」と言っていた人でも、暗くなったり調子が悪くなったりします。

これが場の共鳴現象です。

よく氷山に例えられます

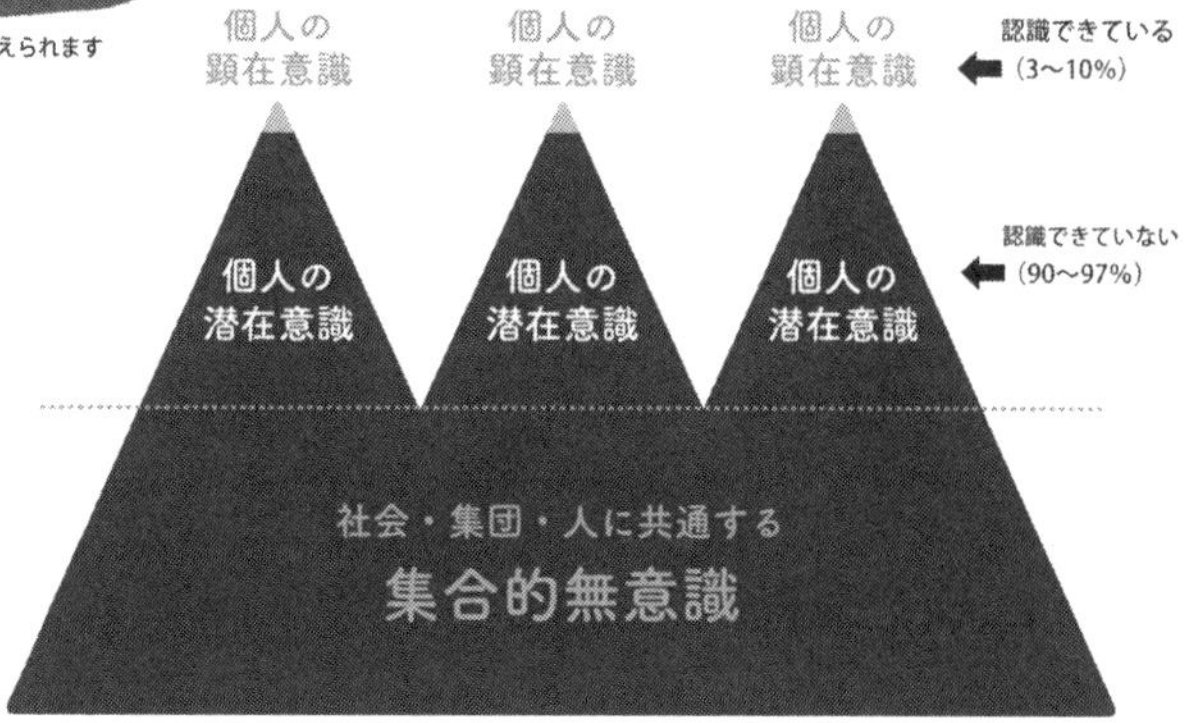

自分がよりよい場をつくる人間として生きていれば、この世界にいい影響を与えることができます。これが人間パワースポットです。だから、あなたがどんどん開運していくことは、世界の開運につながるのです。全てはあなたです。

私たちは量子場の影響を受けて生きているけれども、**私たちがよりよく生きて成長することで、量子場にもいい影響を与えることができる**のです。

運が開いていくことは喜びです。運がよくなったら、みんな喜ぶし、幸せになります。自分自身がどんどん成長し、喜びをまき散らし、開運すると、波動が共鳴し、世界の開運につながるのです。

もっとわかりやすく言うと、家族の1人がものすごく元気で幸せで、いいことばかりだったら、その家族の場も、よかったねと盛り上がるはずです。それで場が生まれるのです。

逆に、家族の中に、すごく暗くて場を下げる人がいる場合も、それに引っ張られずに、自分がよりよくなっていくと、家族も変わっていきます。世の中で起こっている家族の不幸な事件の大半は、誰かがネガティブで、それに引っ張られて起こっています。だから、それに引っ張られずに、まず、自分を高めていくことです。

無限開運によって、この世界に貢献する

開運と自分の人間としてのあり方の成長は、ほぼイコールだと私は考えています。成長は無限です。成長と開運はイコールという考え方で言えば、開運も無限です。

そのためには、ボックスをどんどん広げていけばいいのです。**ボックスが広がると世界に対する影響力が大きくなっていきます。**成長というのはポジティブなエネルギーです。ポジティブなエネルギーが世界にどんどん拡散されれば、世界もよくなるし、自分もよくなっていきます。いわゆる無限の成長のサイクル、無限の開運のサイクルに乗っていくことができるわけです。

見えない世界の話で言うと、成長が無限であれば、その成長のエネルギーは、エネルギー保存の法則によって残っていきます。だから、自分がこの世界をずっと開運し

ていったとき、いずれ自分の肉体を脱ぎ捨てて地球を去るけれども、エネルギー的には無限の成長エネルギーを残していくことができるのです。

そうしたら、そこからまた地球に生まれてきた方とか、地球に縁がある方がそのエネルギーで成長していけばいい。

全てはあなたなのです。自分がいなければ世界の認識体験はできないので、それはすごく重要なことです。世界の犠牲者ではなくて貢献者なのに、自分は世界に翻弄されていると思ってしまったら、そうなるのです。

そうではなくて、自分が全部決めて、自分が体験することで世界に貢献していくことができると考えればいいのです。そして、やってみればいいだけです。

主人公はあなたなのです。にもかかわらず、主人公をどこかに持っていっていませんか？　世界がこうなっているからとか言って、世界の動向を主人公にしていませんか？　**自分の人生ドラマの脚本も潜在意識領域にあるので、実は自分は主人公でもあり、脚本家でもあり、監督でもある**のです。

あなたの中に、あなたの潜在意識領域の中に体験のエネルギーパターンが全てあって、それが現実にあらわれてきているわけですから、コントロールするのは、あなたなのです。

人間は、決めたり、選んだり、気づいたりすることができます。私は幸せな人生を生きると決められます。決められないのは、誰かにコントロールされていると、自分で思い込んでいるからです。

「私は喜びの人生を生きることを選択する」と決めることができます。選べないと言う人は、勝手に思い込んでいるだけです。私の人生を選ぶのは私ではなくて、もしかしたら運命だ、もしかしたら両親だ、もしかしたら先祖だと、どこかで思い込んでいる可能性があります。だって、誰もが、決めることができるのですから。

世界に翻弄されるのではなく、世界に貢献してください。そのために必要なのは、**「今、ここ」を全部受け入れること**です。今、生きて、認識しているということは、可能性が無限にあることなのです。

今、みじめだったり、うまくいっていなかったりしても、それを受け入れる必要があります。抵抗すると、そこでエネルギーが滞るのです。「今、みじめだな、どうしようもないな」という現実を、まず受け入れるのです。

私の経験談。認めて受け入れるとエネルギーが動き出す

学校を卒業後、いろいろ人生に悩み、まじめに就職活動をしなかったために、最初はいわゆるブラック企業に入りました。当時はバブルの時代だったので、学生時代の友達は、それなりにいい会社に就職して、「イエーイ!」とかやっていたけれども(笑)、私は給料は安いし、休みもなしで長時間働かされていました。

私は、スピリチュアル業界では「飲んだくれセラピスト」とか「酔っ払いヒーラー」とか言われるくらい、お酒が好き。でも、そのころは、週に1回、電気屋さんが副業でやっていた食堂でギョウザを食べ、ビールを飲むのが一番の楽しみでした。みじめだと思いましたが、それを認めたくなかった。運命がどうだとか、スピリチュアルがどうだとか、相当にお金も時間も使って学んできた私が、こんなみじめな生活をしているなんて、受け入れがたいわけです。こんなことはあり得ない、絶対受け

入れないと思いました。だから、エネルギーが動かなかったのです。

ですがあるとき、諦めの境地に達しました。そのころの私の思いとしては、何だかんだ言っても、今はこれが事実じゃないか、状況はこのままじゃないか。お月様に向かって、「私の人生は何でこんなみじめなんだ、こんなことがあるわけないのに！」と言ったって、実際はそうだ……。そこで、私の人生はみじめだと認めて、そのままを受け入れたわけです。

認めて受け入れたら、楽になった。そして、エネルギーが動き始めました。

1つのきっかけは、そのブラック企業を辞めたことです。「辞めたらどうなるかわからないけれども、数カ月間は暮らせるお金を貯めて、とりあえず全部捨てて、自分と向き合って必死で生きよう」と。

これがシフトです。私が潜在意識で考えていた「運命」というフォーマットを超えた瞬間の1つだったと思います。

受け入れるというのは、一見、ポジティブなイメージですが、ある意味、諦めたり、開き直ったりするのでもいいのです。

結局は、執着を手放すことなんです。もちろんポジティブな言い方でもあるけれども、これがポジティブなんだと思い込みすぎると、手放せなくなります。諦めるということはみんな言いたくないけれども、私の場合、そうなったときに次が見えてきました。

みんな、こんなわけない、こんなわけないと、抵抗してしまいます。これが執着なのです。まず、その状況に抵抗しないで受け入れることで、エネルギーが動きやすくなります。

運とは「巡り」である。運をよくするためには血の巡りをよくする

運は、エネルギーの巡りです。運は、動詞になると「運ぶ」です。巡らなかったら運べません。「運命」は、命を運ぶと書きます。巡らなかったら命を運べません。

運をよくするためには、まず、血の巡りをよくすること。東洋医学では「気血」といいます。血の巡りに気というエネルギーが乗るという考え方で、血の巡りがよくなると気のエネルギーも回るのです。すると、健康になります。健康だというのは運がいいということでもあるんです。

では、血の巡りをよくするにはどうすればいいのでしょうか。まず、歩いたり、軽いジョギングをしたりするのがいいですね。

気功法の1つに「スワイショウ」があります。これは「手（腕）振り運動」とも言

われるもので、スワイショウをやると血の巡りがよくなります。誰でも簡単にできるのでお勧めです。

スワイショウをやるときに気（持ち）の持ち方はあまり関係ないと言う気功の先生もいますが、私は気持ちを重要視しています。気のエネルギーには情報が乗るのです。なので、気を巡らせるときに、「みんな死んでしまえ、この野郎！」などと思いながらやると、自分に悪いエネルギーが回ってしまう。

そこで、スワイショウをやるときには、「ああ、幸せだなあ」とか「ありがたいなあ」とか、「人間ってすばらしい」「自分が好きだ」など、ポジティブな理念を持つ。そういう情報が乗った気が全身に巡ると、いい運が巡ってきます。

運がよくなるためには陰なる徳を積むといい

世の中の全てが、「陰陽」です。

お金持ちになるためには、利益の10％を寄附したり、人がイヤだと思うことを自らやったりして陰徳を積む。これは、あえてネガティブなことを起こすことで、陽を引き込むやり方です。つまり、ポジティブを引き込む。

ただし、「私は寄附しました」と口に出してしまうと、陰徳は消えます。言わずにやるのです。「私って、すごいでしょう。徳を積んだのよ」と言った途端に、陰徳ではなくなる。トイレ掃除とか町のゴミ拾いも同じです。

ボックスを超えていくということは、陰と陽をバランスよくしていくということなのです。そうすると、運がよくなっていくし、自らもシフト（上昇）していきます。

「これじゃダメだ」と思い悩んでいる人は、運がよくない。エネルギーが巡っていないからです。「こうなれ！　こうなれ！」と結果に執着している人も、望むようにはなりません。**執着はエネルギーを滞らせる**のです。

運をよくするには、巡りをよくする。そのためには、体を動かし、心を軽やかにする。そうすると、開運のレベルがどんどん上がっていきます。

それから、食事によっても運がよくなります。なぜかというと、いい食事を摂ると血の巡りがよくなるからです。血が巡ると、気も巡ります。

そして、ポジティブな考え方をしながら食べると、さらによくなります。「ありがとうございます」と感謝しながら食べるといいと言いますが、それは運がよくなることともつながってくるからです。感謝しながらいただく、おいしくいただく、楽しくいただくのが秘訣です。

潜在意識の土台を整えると効果が出やすい

先日、私のアカデミーのマスターコースを受講している方に、英語の能力を格段に上げるテクニックを教えたんですね。その結果、かなり上がってきたけれど、まだまだ足りないと言うんです。それには情報の書き換えが必要なので、「英語がもっともっと話せるようになることを自分に許している」と、潜在意識の土台を整えることでガッと上がるよと、アドバイスしました。

1つのボックスで、運がいいとか悪いとか、吉だ凶だと言っているのではなくて、どんどん成長していけばいいのです。成長して、どんどんいい人生にシフトしていくことを経験していったとき、実は吉凶はなくなるのです。

ネガティブなことも、ポジティブなことも必ず起こります。ネガティブなことが起こると「凶」だと言われますが、**成長していく上で、いわゆるネガティブなことも必要だったとわかれば、全ては「恩恵」です。**これが今までの開運の考え方を超越していくことです。

私だって、ネガティブなことが起きたらイヤです。でも、来るのです。もしそこで、私がネガティブな思いに自分で気がついたのに、それを受け入れることができなければ、〝予言者らしき人〟が言ったとおりになったかもしれません。

その予言者というのは、ある年に飲み会で出会った人です。私のことを勝手に占った上に、みんなの前で「あなたの来年は最悪の年になる」とネガティブなことを言い放ちました。当然、イヤな気持ちになりました。普通はイヤな思いをしたとき、その出来事や感情をなかったことにしたくなったり、無視したくなったりすると思いますが、それは抵抗していることになります。

だから私は、そんなイヤな思いをしている自分を受け入れて「なほひかへ」（詳細は162ページ）を実践しました。ネガティブエネルギーを使って、ポジティブエネルギーに変換したのです。

実際、その年はいろいろありましたが、私にとっては良い年でした。シフトしたことで運命が変わったのだと、理解しています。もし私が彼の言ったことにとらわれ、「なほひかへ」もやらなければ、悪い年になっていたかもしれません。

でも、運命は変えられる。運命を変えられるということは、運命は超えられるということです。とにかく、今を丸ごと受け入れ、ネガティブすらも受け入れることで、とらわれから抜け出し、よりよくシフトしていくことができるのです。

人生はDOとHAVE

人生は、DOとHAVE。「行動」は重要です。私たちは肉体を持っているので、行動を起こすことで何かの結果が出ます。あるいは、肉体の中で何かを持つとか、何かになるためには、普通は行動が要ります。例えば、「私は東大に合格します」と言っても、そのためには勉強する必要がある。

でも、**一番重要なのは、「あり方＝BE」**なのです。「BE」はエネルギーの世界です。BEの領域を変えていくことが一番重要です。BEの部分、いわゆる**潜在意識のフィールドを変容させていくと、体験が変わります。**

BE（あり方）を変えると、通常は行動（DO）が変わり、持つもの（結果や現実・HAVE）が変わりますが、最近は、時空間の因果律がすごく緩くなっています。

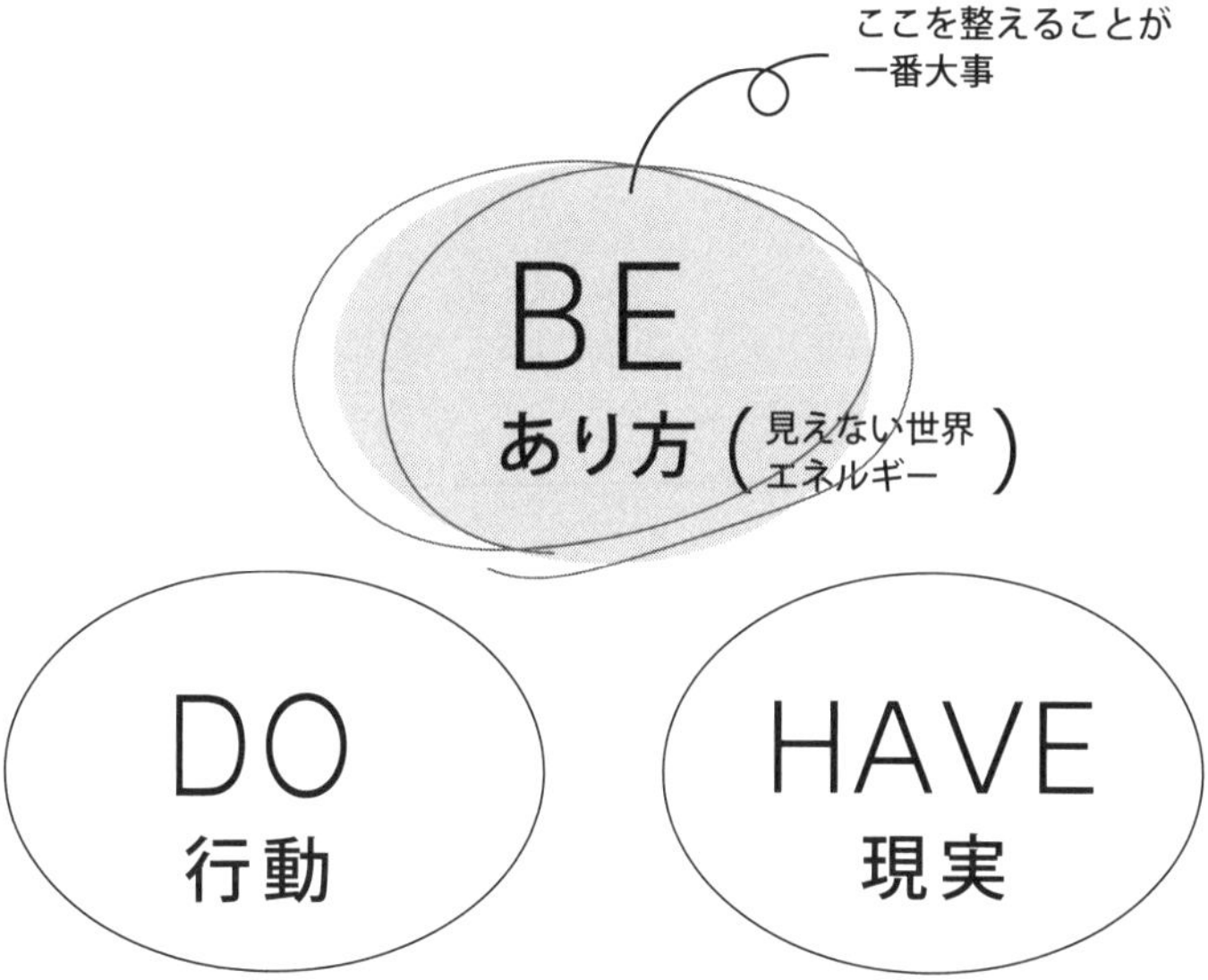
ここを整えることが
一番大事
BE
あり方（見えない世界
エネルギー）
DO
行動
HAVE
現実

例えば、こんな体験談がありました。親御さんを介護施設に入れたい人が、いろいろな施設を回ったけれども、どこもいっぱいで、一番入れたいところは100人待ちだったとします。「(順番が来るまで) 待つ」というのが行動 (DO) です。そしてその数週間後に、施設に入所できることになったので手続きに来てください、という連絡が来ました。いきなりHAVEが来たのです。これは時空間の因果律を超えているわけです。順番を待っていた100人はどこへ行ってしまったのでしょうか。時空間の因果律が緩くなっていて、パラレルワールドにジャンプしたという仮説が一番ぴったり来ます。

今はそういうことがたくさん起こっています。例えば、全然売れなかった不動産がいきなり2倍近くの値段で売れたとか。今までの考え方で言えば、いくつかの不動産会社に委託するなど、「行動」していく必要があります。そういうアクションを起こさなかったのに、BE、つまり潜在意識フィールドを変えたら、いきなりHAVEがあらわれた。そういうことが起こっているのです。

あるいは、引きこもりの子どものDVに悩んでいたお母さんが、いきなり子どもに謝られたかと思えば、お子さんはそれからバイトを始めて、就職して、初月給でお母さんにお寿司をおごってくれたというのです。何が起こったのか、というエピソードです。

通常であれば、息子にカウンセリングを受けさせたり、行政に頼んだりという行動をします。でも、彼女がしたことは、「自分を整えた」だけなのです。すると、いきなりHAVEが来た。お母さんは信じられないと言っていましたが、セミナーに参加したときに様子を尋ねたら、ずっとその状態が続いているそうです。

だから、「BE、DO、HAVE」というあり方も、とても重要なのです。あり方こそエネルギーの世界です。「エネルギーが先」というのはそういうことです。

まず、潜在意識フィールドに、いいエネルギーパターンをどんどん仕込む。そして、この世界はエネルギーが動かないと現実化しないので、運をもっともっとよくするために、エネルギーをずっと巡らせていくという発想が必要なのです。**エネルギーを巡らせながらシフトさせていく。これが「超越開運」の考え方です。**

占いに翻弄されるのではなく占いを活用する

占いというのは、潜在意識のフィールド、集合的な意識のフィールドにあるエネルギーパターンです。占いには、四柱推命とか、紫微斗数《しびとすう》、九星気学など、いろいろなフォーマットがありますが、占いはエネルギーパターンなんだということに気づいたら、それを利用することができます。

今までは、占いのフォーマットを聞いただけで、「今年はダメなのね」と言って終わってしまったけれども、これも1つのエネルギーパターンだと気づいたら、そのパターンを活用すればいいのです。

先に、占いはリズム論だという話をしました。例えば、9年サイクル、10年サイクル、12年サイクルが多いですが、**どの占いが当たるかという視点ではなくて、「自分にとってどの占いが活用できるか」という視点でとらえたほうがいいと思います。**

占いの世界が上なのではなく、あくまでも自分が上で、自分に合った占いを選ぶ、というスタンスが重要です。

それでは、「自分に合った占い」「自分が活用できる占い」は、どうやって調べたらいいのでしょうか。

まず、自分の年表をつくってみること。例えば、覚えている範囲の10年とか20年、あるいは30年スパンで、この年は全般的にいい年だったなとか、この年はちょっと悪かったなとか書き出してみる。すると、自分のリズムがわかります。

自分のリズムを知っていると行動の準備ができます。

自分のリズムが何年サイクルなのかを知る方法

自分の年表をつくって、それに当てはまるリズムを見つけていくということをやってみるなら、いくつか周期の異なる占いを参考にしてみてください。東洋系の占いは、基本、リズム論ですが、サイクルは9年、10年、12年と、占いによって違います。

このときに**気をつけたいのが、「自分をその占いに当てはめにいかない」こと**。占いありきではなく、まず自分で年表をつくってみる。つくってみて、これは自分のリズムに合っているなというものを見つけることです。

例えば、数秘術や九星気学、六星占術もリズム論です。

ほかには、紫微斗数《しびとすう》、天中殺で有名な算命学などのリズム論があります。占いを上位にしてしまうと、その結果に自分が翻弄されてしまいます。あくまでも「自分が上位で、占いを活用する」というスタンスが大事です。

とはいえ、あくまでも、**占いを使いたい人は使えばいいんです。ただしあまりとらわれすぎないこと**。いろいろな占いのフォーマットがあるので、例えば四柱推命のほうが自分には合っているなと思ったら、それが自分の1つの物差しになるだけです。それにとらわれる必要はありません。

ですので、自分の年表を調べて、自分に合う占いを見つけなくてもかまいません。考え方として、指針となるような占いがあってもおもしろいかな、というだけのことです。これが執着にならないようにしてください。

運命を決めるのは占いではなく「自分」

占いを極めた占い師の方々は、自分の運命が読めるのだったら、よりよい人生を生きていてもいいと思うけれども、不思議なことに、みんながそういうふうに見えるわけでもありません。「私はあなたの運命をよくしてあげます」と言われると、「じゃあ、あなたの運命はどうなのですか」と言いたくなってしまう（笑）。

これは超越開運の考え方ですが、「全ては自分だ」ということに戻るのです。選ぶのは誰か。自分しか選べない。もっと言うと、**自分の人生は自分しか生きられない。**いただいた命を動かせるのは自分だけなのです。**運命、つまり命をどう運ぶかを選べるのは、その人だけなのです。**

それを占いという世界に閉じ込めてしまうのはもったいないと思います。もともと運命学と言われるものは、人とか社会がよりよく生きるために生まれたものじゃないかと私は考えています。それがいつの間にか、その世界が上位にあって、そこに当て込んでしまう。自分の無限の可能性を開いていくために必要なものだったのが、逆に自分が拘束されて、見えないボックスに入れられてしまう。

『超越易経』では、ネガティブな方位のエネルギーを変える方法を書きました。これはとても効果があるのですが、本書では、ポジティブなエネルギーを引っ張り込むテクニックを紹介していきます。

今、幸せですか、もっと幸せになってみませんか

「超越開運」のメソッドは、「意識が先」というのがポイントです。

もっと自由で、もっとすばらしい人生を生きていける可能性、もっと幸せになれる可能性があるということです。「今、幸せですか？　もっと幸せになってみませんか？」というのが超越開運です。常に成長していけるということです。これはすばらしいことじゃないですか。

今、ここにいて、世界を認識し、体験している、命を使っているということは、すばらしいことです。それをどんどんすばらしくしていくことこそ、世界に対する貢献です。

ただ、１つのボックスに縛られてしまうと自由度が低くなることは確かで、一般的には不自由です。

私は成長は無限だという定義を考えています。だから、ご本人がよければそれでもいいのですが、それが私の幸せだと決めつけすぎるのはもったいないような気がする。もっとすばらしい人生を歩んだらもっと世界に貢献できる、と私は考えているので、誰もが無限の可能性を持ち、無限の成長をしていけるのです。

そのためには、今までの開運の定義を変えていくことです。そして、**占いに翻弄されるのではなくて、占いを活用するというスタンスに立つ**ことです。リズム論の話も、使っても使わなくてもいい。別にそんなことがわからなくても、人生を成長させていけるのです。

ただ、占いというのは人類の１つの知恵なので、それを活用するというスタンスに立つことが大切なのではないですかと提案したいのです。

コラム

《運をよくするには言葉の使い方が重要》

光一　ここ数年、占いがとてもブームで、タロットカードが日本で最高の売上げを記録したそうです。みんな不安なんだと思います。

オラクルカードというのもすごく売れていますね。これは1枚引きで、キリストのカードが出ると、「あなたは最高」というようなメッセージだとか。

——カードを1枚引くというのは無作為なので、自分の意識が介在していないものに頼りたいという思いじゃないかと思います。簡単ですし。それで「今日はこういう日なのだな」と心の支えとか、指針にするのでしょうね。

光一　今、1枚引きでメッセージをもらうというのがはやっていますね。

数年前に、ヒカルランドでつくった易経カード「マジカル　イーチン　カード」

は今でも売れていますね。カードを1枚引けば「卦《け》」（編注：易で吉凶を判断するための基本図象）が出て、メッセージがわかるというものです。

タロットカードも易も、エゴイスティックなマインドが入りづらいので、本当は正確に出るんです。ただ、どういうふうに読み解くかが重要で、その読み解き方が占い師としての能力なんです。

「当たるも八卦、当たらぬも八卦」という言葉がありますが、実はその前に「人により」という言葉がつくんです。**易というのは、１００％、答えを出しているんですが、シンボルで出してくるから、読み解く人のスキルによって的中率が変わるのです。**

だから、『超越易経』に書いた考え方は、読み解くのではなくて、よりよくなるために必要なエネルギーという問いを立てて、それを引き出し、そのエネルギーを入れるというやり方をとっているわけです。

――同じカードを引いても、読み解く方によって意味が全然違うことがありますね。言葉の選び方とか経験値とかによるのでしょうか。

光一 全然違います。例えば「天地否《てんちひ》」という卦があるんですが、これは易では超ネガティブな、4大困った卦なんです。でも、これも質問の仕方によっては解釈が異なるわけです。

例えば、「私と彼氏の関係性はどうですか」と聞いて「天地否」と出たら、「ダメですね」と言うしかない。でも、「私と彼氏がより幸せになるために必要なことは何ですか」と聞いて「天地否」が出たら、「あなた方でネガティブなことを一度整理して、それを手放してみなさい」というアドバイスになるかもしれません。

そういうことなんです。**問いの立て方によって読み方は変わってくるし、易者によって、どういうふうにアドバイスするかも変わってくる**のです。

――話は少し変わりますが、先述のスワイショウについてもう少し詳しく教えていただけますか。

光一　中国の気功法です。脱力して、遠心力で両腕を前後左右に揺り動かすんですが、気血の巡りがよくなります。あの船井幸雄先生（経営コンサルタント、起業家、著作家。業界で初めてコンサル会社の株式上場を果たす）がこれをやっていて、長生きされたそうです。

けっこうな回数をやるといいと言われていますが、私は適当にやっていました（笑）。

――たくさんの回数をやらなければいけない、と考えるとイヤになってしまうので、「やれる回数できたらいいか」くらいがいいかもしれないですね。

光一　**一番重要なのは意念なので、イヤだなとか、面倒くさいなと思いながらやるのはもったいない。意識のエネルギーが乗るので、気持ちいいなとか、うれし**

いなと思いながらやるといいです。

やらなきゃいけないという教えもけっこうありますが、私はそういうのは苦手なんです。

――気にはエネルギーが乗るので、運動するときは感謝の気持ちとかポジティブなエネルギーを乗せるというのも、いい話だと思います。運動があまり好きじゃない人は、決めたから走らなきゃとか、ダイエットのために〇〇しなければと思ってしまいがちですが、全然楽しくないし、続かないですね。

光一　**運をよくするには、言葉の使い方も重要**です。気をつけてほしいのは、運は巡りなので、**「〇〇しなければならない」という思考はエネルギーの巡りを滞らせてしまうん**です。

本書では方位取りのテクニックを紹介していますが、「毎日やらなければならない」とは思ってほしくない。これはとても重要です。

勉強だって、やり出したらエネルギーの波に乗って止まらなくなるはずなんです。それを「ちゃんと勉強してんの?」と5分ごとに言われたら、二度と勉強なんかするものかと思ってしまいますよね。

「ねば」とか「べき」という思考が強い人は、しんどいと思いますし、いろいろなことが低迷している感じがあると思います。

みじめな状況・自分を受け入れないともっと悪くなる

世界は、その人だけが認識しているものです。その人が認識することが、その人にとっての世界なのです。

だから、世界の構造というのは、その人が中心であり、その人が全て。その人の認識は見えない世界のエネルギーパターンのあらわれで、それは深いレベルに行くと、全ては1つの世界、集合的無意識の世界になっているわけです。

だから、**自分が変わって、自分の個人的潜在意識のフィールドが変容すると、海の中に浮かんでいる氷山と同じ感覚なので、海にもいい影響を与えることができる**わけです。

全て自分なので、例えば、自分が苦しい、つらい、人生は悪だ、みんな死んでしまえと言っていると、自分の人生がもっと悪くなっていく可能性があります。それから、潜在意識フィールドも汚れてしまう。これは海に汚水を流すのと一緒です。

自分の人生は100%自分の責任ですが、実は世界に対しても責任を持っているのです。でも、世界が悪いからこうなったという逆の発想になってしまっている。全ては自分であり、自分がよくなれば世界もよくなるという発想になったほうがいいです。

家族である場合は、誰か1人が成長すると、場が成長して、家族みんながより良くなる。私のアカデミー（スクールの上級コース）で学んでいる生徒さんで、夫が会社でものすごく出世したという女性がいます。彼女は自分がどんどん上昇していくことで、家族も上昇していきました。もちろん、お子さんもシフトしています。

みんな、何かを変えようとします。特に人間関係とか家族関係ではそういうケースが多いですが、それはすごく難しくて、自分が変わるほうが簡単です。

ごくたまに、人を変えてくれと言ってくる方がいます。例えば、彼氏をもっと私のことを好きにさせてくださいとか、うちの子どもがつき合っているのが悪いやつだから別れさせてください、とか。ですが、それはすごく限定的な考え方です。「相手がそういうふうにしてくれないから私は不幸せなので、何とかしてほしい」とか、「人をコントロールしないと自分が幸せになれない」なんて思っている方は、ずっと幸せになるのは難しいと思います。

逆なのです。**自分が幸せであることで周りも幸せになっていく。**実際にそういう出来事がすごく起こっています。

先にも、反抗期の子どものDVに悩まされていたけれども、まずは自分を整えたお母さんの話をしましたが、相手に働きかけなくても、現実が変わっていきました。

そのプロセスはつらいかもしれませんが、状況を受け入れるしかありません。つらいと思っていることも受け入れる。そのときに、「なほひかへ」などの自己編集テクニックを使うわけです。そのお母さんの場合は、「なほひゆい」と「なほひふり」ですが、「なほひゆい」は、自分の中のネガティブなことを見つけて解放するやり方です。

今の状況も、ネガティブな感情も、全て受け入れるのがスタートなのです。ここで抵抗しているとシフトしません。つらいから、変わるのです。「全然つらくないわ。反抗期だから当たり前じゃん」とか言っていると変わらないのです。

でも、そういうふうに思う人が多いと思います。だって、うちの子はこんなにひどくて、暴力を振るうなんてことは受け入れたくないじゃないですか。でも、受け入れるのが先なのです。

私の場合は、この子は将来大丈夫かと、学校の先生まで私のことをいじめてきていたわけですが、こんなことはあり得ないと言っていたら、私は変われなかった。認めたから変われたのです。

週1回のビールとギョウザが唯一の楽しみだった、みじめな自分。こんなのは違う、本当の自分じゃない、と言っていたら、私はずっとそのままだったと思います。でも、私はそれを認めて受け入れたのです。諦めたと言ってもいい。**抵抗すると、そのボックスから出られない**のです。みんな、もっともっと開運したいと思っています。でも、**今を受け入れてからやりましょう、と伝えたい**のです。そうしないと上昇は難しいと思います。受け入れないと、それは1つのボックスの中で、よかった、悪かったと言っているだけですから。

家族関係ではすごくわかりやすくて、家族が変わったのを見たら刺激になるわけです。

「なほひかへ」でシフトせよ

ネガティブなことが起きたら、それはチャンスです。でも、ネガティブなことは受け入れがたい。起こったことも受け入れがたいし、ネガティブな感情が出るのも、当然、受け入れがたいです。

でも、それを隠すと、同じようなことが起こります。そんなことを思ってはいけないと気持ちを隠してしまうと、また同じような感情を引き起こす出来事が起こってくる。これが「ボックスに入っている」という状態です。つらくても、ネガティブなことは素直に受け入れるのです。

ただし、ここでテクニックが必要になるわけです。私は、日常生活を使って、自分を上昇・成長させていくテクニックを中心につくっています。ネガティブなことが起きたらチャンスなので、まずは「なほひかへ」をやりましょう。なほひかへのやり方は162ページでご紹介しています。

なほひかへというのは、ネガティブなことが来たら拒否しないで、あえて受け入れてひっくり返すテクニックです。なほひかへは、とても効果があるし、簡単だから誰でもやりやすい。ただ、日常的に使っていないと、意外と思いつかないんです。

京都に行ったときに、帰りの切符を入れた財布がなくなって、プチパニックになったんです。そのときすぐに、かへれば（※なほひかへをやれば、の意味）よかったのに、つい「誰かが生き霊を飛ばして、生き霊が持っていったに違いない」とか、わけのわからないことを考えてしまいました（笑）。

開発者の私でも、動揺しちゃうと、意外と瞬時にできないときがあります。だから、これを習慣にするといいですね。

なほひかへのテクニックは、実にいろいろな結果を生み出しています。ただ、一番大切なポイントは、**ネガティブな出来事を活用して、自分がより上昇する**ということです。

自己編集テクニック「なほひ」シリーズとは

自分と向き合い、自分を上昇・成長させていくためには、道具があったほうがいいと考え、「なほひ」シリーズをつくりました。

《本書で使用するテクニック》

●なほひふり
自分の潜在意識の中にある情報のパターンを書き換えるテクニック

＊本書で紹介しているように、方位のエネルギーを引っ張れるようになるためには、この「なほひふり」でその前提となる能力をつける必要があります。

「こうなりたい」という願いが現実化しないのは、そのパターンが潜在意識に入っていないからなのです。

〈使用例〉

★もっと豊かになりたい、もっと自分を好きになりたい、もっと人間関係をよくしたい

⇓　具体的でもいいのですが、「抽象的なパターン」を入れる方が現実が立ち上がりやすくなります。

（『エネルギー経営術』『きめればすべてうまくいく』もご参照ください）

【やり方は112ページ】

●なほひはる
自分の中に調和をつくっていくテクニック

＊吉方位のエネルギーばかりを取っていると、ネガティブがたまっていき、バランスを崩す可能性があります。
「なほひはる」は、方位のエネルギー（吉方位、凶方位）を取り入れる際に、バランスを取るために必要なテクニックなのでリスクヘッジになります。

〈使用例〉
★自分の人生をもっと調和的にしたいとき
⇓　易経の「大調和」を使って、潜在意識に「調和」のエネルギーを入れていきます。

【やり方は119ページ】

《ネガティブエネルギーを活用するテクニック》

◆なほひかへ

自分の中にあるネガティブなエネルギーを、ポジティブなエネルギーに転換させるテクニック

＊ネガティブエネルギーを無視したり、抑え込んだりすることは、抵抗していることになります。

【やり方は162ページ】

◆なほひゆい

自分の中にあるネガティブなエネルギーを解放（クリアリング）するテクニック

＊二度あることは三度ある。ネガティブエネルギーを持ったままにしておくと、引き寄せが起こり、何度でも現実にあらわれるのです……。

【やり方は166ページ】

これらのテクニックの中で、特にどれを使うかという判断は、練習が必要だと思います。セミナーでも個人セッションでも、サポートはしますが、基本は自分なのです。そこのところをちゃんと理解してくれていないと、もったいないです。

本を読まれて、セミナーに来て、理解できてよかったと言われる人がすごく多いけれど、それは当たり前で、場を使うと場のエネルギーができます。私のセミナーはそこを活用していくので、当然、潜在意識に深く入り、共鳴していくのです。

だからといって、セミナーに行かなきゃダメかというと、そういうことでもありません。本を読むだけでも実践は可能です。練習、練習、です。

開運は立体的だ

開運は立体的というのは、「ここで成長するのではなく、どんどん上がっていくことが成長である」ということです。

開運というのは、ボックスの中でよくなっていくのではなくて、**ボックス自体を超えて、どんどん運がよくなっていくということ**です。だから超越開運なのです。

普通は誰もが1つのボックスにいて、ほとんどの方がそのまま人生を終えていくと思うのです。潜在意識の中にあるいろんなエネルギーパターンの中で、私たちは認識・体験しているわけだから、自分では気づかないわけです。ボックスの中で、吉だ凶だ、成長だと言っているのです。

でも、それは潜在意識の中にある、気づいていない単なる1つのボックスなのだと

＜成長パターンのイメージ＞

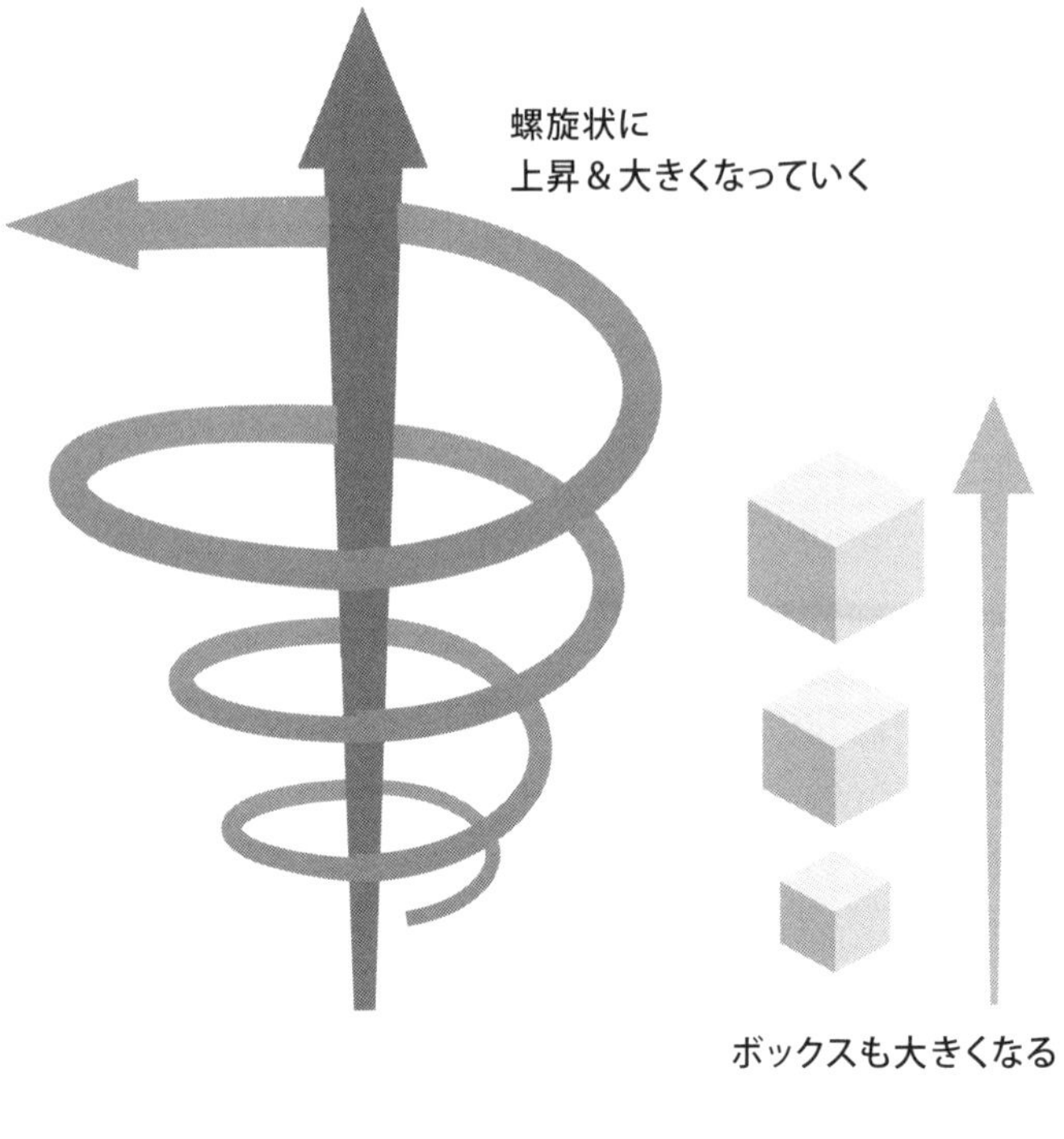

気づいたら、それを超えていくことができます。そうすると、自分でも考えられなかったすばらしい人生があらわれるのです。

限界を本当の意味で突破する。そのボックスではつらくてしようがないときに、そこを抜ける。これがいわゆるブレークスルーです。「あんなつらいことがあったから、今の私がいる」と、よく言います。

だから、1つのボックス内にとどまるのではなくて、何があっても成長していけるという考え方をしっかり持ち、経験をしていくことで、無限の成長のサイクル、上昇のサイクルに入っていけます。

「なほひふり」でエネルギーパターンを変更する

なほひふりは、エネルギーパターンの書き換えです。例えば、「私は自分が好きだ」というエネルギーパターンをつくっても、時間が経つとオフになりますが、それは当たり前なのです。

それは、1つのボックスはタマネギの皮みたいになっていて、一番外側の自分が嫌いだというエネルギーパターンが1つ抜けると、次の自分が嫌いだというエネルギーパターンが出てくるからです。タマネギの皮が1枚むけるたびに、ボックスが上がっていくのです。いつになっても皮が出てくると思うかもしれないけれども、それは成長していないのではなくて、上昇して、違った皮に行っているということです。

どんどんむいていくと、自分が嫌いだというエネルギーパターンはやがてなくなります。本質は、何も意味づけされていないところにあるのです。でも、そこに行くにはどんどん上昇していく必要がある。

要するに、**ボックスというのは意味づけです。その意味づけが完全に消えたとき、自分はまさに自在の存在となります。**でも、自在の存在になるということは、いわゆる相対の世界を抜けるので、ずっと無限に成長したのちに、行き着く先は、輪廻転生、全てを超えた覚醒の世界なのです。

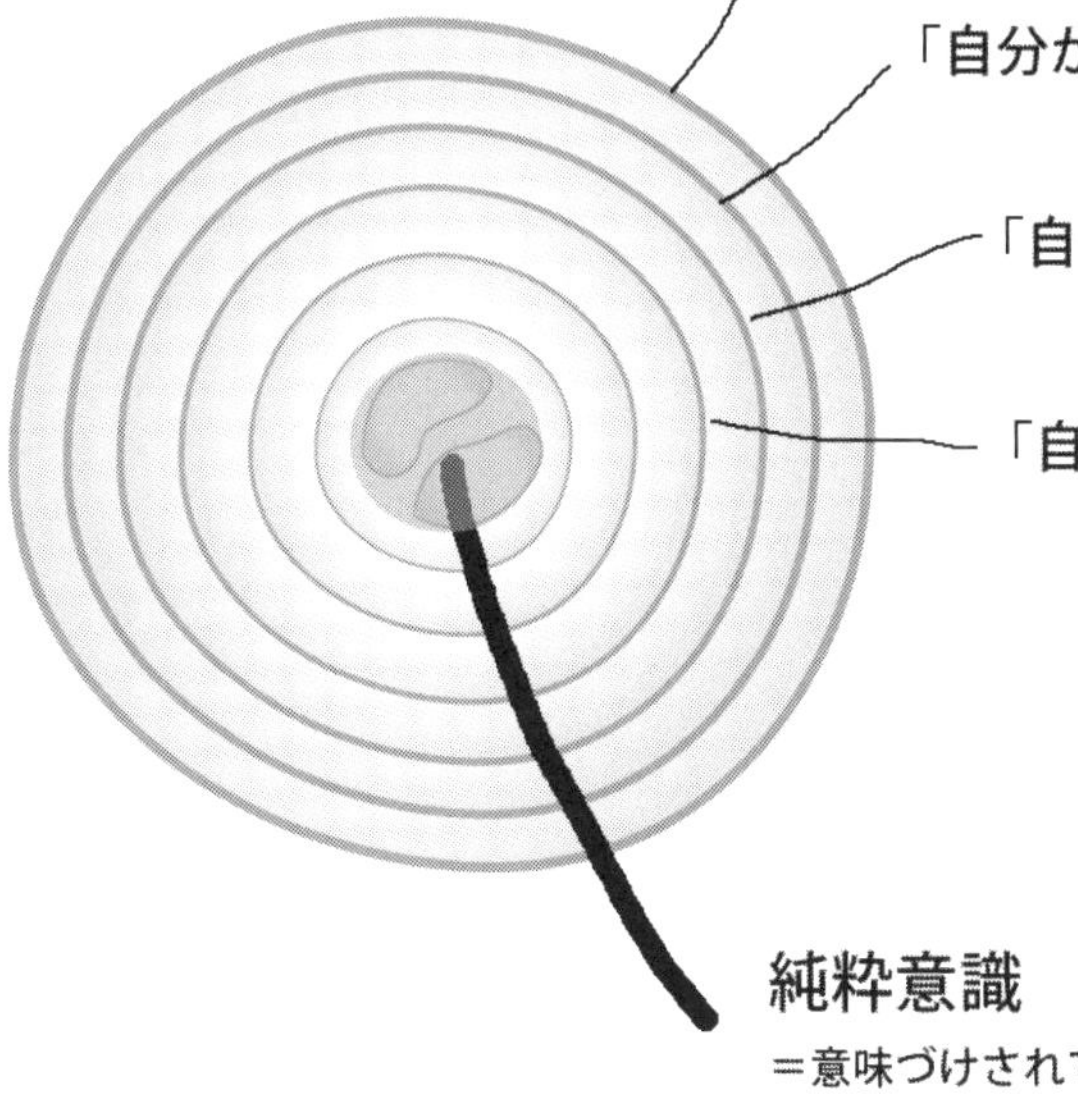

もう少し詳しく言うと、タマネギの真ん中の芯に当たるところは、意味づけが全てなくなっている「純粋意識」です。でも、純粋意識そのものになったら、意味づけされていないから、自分を認識できないし、体験を認識することもできないのです。

そこは、この宇宙の全てを体験し終わった覚醒の世界です。本当の意味での悟りです。

恐らく私たちは、何もない純粋な空間、純粋な意識、純粋なフィールドから出ているのです。でも、純粋な場と1つになっているときは、自分を認識できません。これが易に書かれているわけです。

この世界が始まったときには、既に相対、陰と陽があります。だから認識できるわけです。意識の構造はそうなっているのです。絶対と1つだったら認識できません。分離するから認識できるのです。

そういう旅路の中でずっと成長していって、私はあなた、あなたは私のところに行き、そして、私もあなたも消えたときが悟りです。輪廻転生を超えるときです。輪廻転生は、相対の世界の話です。

超越開運というのは、常に成長し、どこまでも成長し、運を開き、行き着く先は初めに戻るのです。初めというのは、絶対の世界であり、私たちのふるさとです。

でも、そこは退屈だから何かを認識したいと思って、何かが始まるのではないでしょうか。

人生は相対です。易の世界では「陰陽」といい、ヨーロッパでは「α《アルファ》とω《オメガ》」といい、密教の世界では「阿吽《あうん》」といいますが、阿は始まり、吽は終わりです。始まりと終わりは既に同時であり、私たちは成長の旅路を歩んでいるのです。

見えない世界に脚本がある

主人公はあなたで、あなたの内に全てがあります。脚本も、実は、自分の中にあります。**個人的潜在意識フィールドに、「どういうドラマを生きていくか」という情報があるの**です。

一番わかりやすいのは、日本語で言うと「宿命」です。命を宿すとき、どういう家に生まれるのか、男性で生まれるのか女性で生まれるのか、あるいは、基本的にこういう路線を歩んでいこうという脚本は、既につくられています。生まれつき持っているのです。

でも、**今は宿命だって変えられる時代なのです**。例えば、性転換手術で性別を変えられます。自分で選べる。これは驚くべきことです。

だから、脚本を変えていけばいいんです。運命、つまり命を運ぶという脚本は変えていけるということです。

音を活用する（星座音楽・量子場音楽・方位音楽・五行音楽）

近年、私が注目しているのが「音を活用する」ということ。**音は、潜在意識に同調させることができます。**

「星座音楽」というのは12星座を味方につける音楽で、その星座の波動がその人と共鳴して運を上げるように設定されています。

私のホームページにも載せていますが、例えば牡羊座の新月のときに、牡羊座を味方につける音楽を聴きながら瞑想することによってより運を上げることができる。

「量子場音楽」は、いい波動を意図的につくっているので、それを聴くことで潜在意識が共鳴していきます。例えば、「開運していく」「より成長していく」と意味づけした機能性音楽をつくれば、聴くだけで共鳴が起こります。

だから、音楽は超越開運に活用できるのです。

このほか、方位を味方につける「方位音楽」、万物は木・火・土・金・水の5つの元素から成り立つ、という五行思想にもとづいた「五行音楽」も制作中です。

簡単に言うと、**世の中は全て波動であり、音楽も波動**なのです。音楽は、聴くだけで潜在意識領域と共鳴させることができるので、それを活用して超越開運していくことができます。

集合的潜在意識領域の知恵を使う

占いというのは、潜在意識領域にあるエネルギーパターンなのです。五行も、タロットも、易経も、人類が活用してきた占いは、集合的な意識フィールドにエネルギーパターンが形成されているので、そこを活用して自分の人生を引き上げていきましょうと、私は提案しているわけです。

でも、占いの世界に入り込んでしまう人が多い。例えば、血液型占いにはまりすぎると、「あなたはA型だからこうだ」とか、「あなたはAB型でしょう。私はO型だから、私とは合わないわね」と、始まります。

それは、血液型占いというボックスの中に入ってしまって、不自由になっている状態。血液型が違っても、理解してしまえばうまくやっていくことはできるわけです。

フォーマットの世界にはまってしまうのか、フォーマットを使っていくのかということとです。

「集合的潜在意識領域の知恵を使う」ということは、そこに巻き込まれるのではありません。例えば『超越易経』では、集合的潜在意識領域にある「易」という世界を活用する、ということをやっています。

易というのは大調和で、六十四卦がとてもきれいに成立しています。調和している世界で、時空間を切り取ることで、その乱れをリーディングしているのが易占いであると、私は考えています。私は、大調和の世界を自分の中につくるために、易を使っています。

私はもちろん易占いもできますが、それをやろうとする人は、リーディングの能力も高めていく必要があります。

カード占いをやる人は、問いの立て方が大事です。「イエスか、ノーか」と聞いたら、イエスかノーでしか答えは返ってきません。それはもったいない話です。よりよくなるためにどうすればいいかとか、もっと成長するためにはどうすればいいかとか、世界がもっとよくなるためには今回の件に関してどういうことをすればいいかとか、聞く側がポジティブな質問をするほうがいい。すると、ポジティブな答えが返ってくるからです。

先日、「お金がなくなる世界が来ると聞いたけど、いつそれが起こるのか、光一さん、リーディングしてくれませんか」と言われたので、「しません。そんなことじゃなくて、今後どんな時代になろうが、自分がしっかり生きていくことのほうが大切じゃないですか？」とお答えしたのですが、その方は「教えてくれへんのか」と不満そうでした。

「どういう時代になるか」といったことは、占いに頼るのではなくて、あなたが今ここでしっかり生きるということを前提として聞いたほうがいいと思います。例えば、どんな時代になろうが、豊かな生活をするにはどうすればいいかと聞いたほうがいいのではないかと私は思います。

占ってもらうのも、自分でやるのもいいけれども、質問の仕方が重要なのです。「どうなりますか」と聞いたら、それに対する答えが来るだけです。プラスの答えだったらいいけれども、マイナスの答えだったらどうしますか？（マイナスだったら、ネガティブエネルギーをポジティブエネルギーに変換するテクニック「なほひかへ」を使って上昇してくださいね）

常に前向きの質問をしていくのが、占いのよりよい活用方法だと思います。自分が中心ですから。占い師に「あなたはどう見てもダメよ」と言われたら、「では、私に対してはどのような積極的なアドバイスがいただけますか」と聞けばいいのです。「あなたはお墓を買わなかったら悪いことが起こりますよ」と言われたら、「お墓は買いたくないので、買わなくてもよくなる方法を占ってください」と、前向きの質問をすればよいのです。「死ぬって出てるわよ」と言われたら、「死ぬと出ない方法を教えてください」と言えばいいのです。

占いにのみ込まれるのではなくて、占いを活用することです。

人は神様の分け御霊《みたま》で、神様と同じ能力を持っているのです。神様は占いに翻弄されますかという質問を、私はしたいです。神様は、どんな占いだろうがそれらを超える存在です。

あなたが神様だったら、「将来、世界はどうなるんでしょうか」なんて言いますか。あなたが神様だったら、よりよい世界になるために自分を整えるはずです。

特に、今は不安・混迷の時代で、いろいろな情報もいっぱい来ています。どれが本当かではなくて、それを選ぶのは誰ですかと、私は言いたい。あなたが全てなのだから、あなたがよりよい人生を生きるために、占いも活用し、どんどん運を超えていけばいいのです。「やってみなはれ」という話です。

方位のエネルギーを持ってくる

方位のエネルギーを持ってくるというのが、今回、お伝えするテクニックです。

方位の占いで有名なものに、「九星気学」とか「奇門遁甲」などがあります。

奇門遁甲は、中国で戦いのときに使われていたと言われており、「この時間にこの方位に行くと敵の防御を破れる」と戦略を立てたり、「運を味方につける」などに使用されてきました。今は、自分の人生をよくするために使っていきます。

ただ、同じ方位でも、九星気学と奇門遁甲とでは捉え方が異なります。一方では吉方位でも、他方では凶方位と、いうことがあり得ます。

先ほど、占いのフォーマットはたくさんあるという話をしました。そのエネルギーのフォーマットはあるのです。それを選んで活用すればいいというのが、私の考え方です。

今回は、一般的には、奇門遁甲の方位を使うことをお勧めします。実は奇門遁甲の流派もたくさんあるのですが、全て使えるので、自分がこれがいいと思ったものを使ってください。

秘伝の方位取りのやり方

今回の方位取りは時間が重要なのです。通常、「方位取り（吉報旅行）」というのは、年とか月とか日にちでやりますが、時空のエネルギーを持ってくるときには時間の方位を使います。なぜかというと、自分が世界の中心で、「今、ここ」が全てだというのが前提だからです。だから、今、この瞬間の時間が重要なのです。

ですので、普通の方位取りに行く考え方とは逆の発想です。方位取りで一番重要なのは年と月です。今回は「自分」が中心なので、「自分がやると決めた時間が重要」ということになります。**方位を自分のほうに引っ張り込むというテクニックなので、自分が移動する「吉報旅行」とは逆の考え方**になってきます。

《暦の参考サイト》
奇門遁甲のその日の時盤（2時間おきの吉方位）がわかるサイトをご紹介します。

●きつねの奇門遁甲　―軍師達が愛した秘術―
https://ktonko.com/
https://ktonko.com/cgi_bin/head/head_h.cgi（奇門遁甲立向時盤の一覧）

●奇門遁甲（所　輝美さん）
https://www.ne.jp/asahi/tokoro/uranai/kimon/index.htm

●奇門遁甲の時盤
https://fusuihoui.jp/kimon/

意識の調整―なほひふりでセットアップ―

潜在意識の変容をつくっていくのはすごく重要なので、ここではその調整をしていきましょう。

まず、情報を書き換えるテクニック「なほひふり」を使って、能力のセットアップをする必要があります。

「私は方位のエネルギーを、今ここに持ってくることができません。けれども、方位のエネルギーを安全に持ってくることを選びます。そして、その能力があります」と紙に書いて、「なほひふり」で、そのエネルギーを潜在意識に入れるわけです【詳しいやり方は112ページ】。

潜在意識を整えて能力調整をしておかないと、方位取りのテクニックを使っても本来の方位エネルギーを取ることはできません。

全ての占いのフォーマットは利用できる

例えば、奇門遁甲も流派がいっぱいありますが、どの流派も使うことができます。なぜかというと、フォーマットは集合意識にいっぱい存在しており、どれを使うかを選ぶだけ、だからです。

この時間は東南の方位がいいとか、南の方位がいいとか、流派によって言っていることが違いますが、どれも使えます。

これが占いの世界の混迷したところで、冒頭のリズム論の話ではありませんが、それぞれの流派はそれなりに当てはまります。でも、「それしかない」ということはないのです。みなさんは「これしかない」とか「これが一番」だと思いがちですが、そういうことではないんです。たった1つ「それしかない」ものは、自分の命だけです。

時空のエネルギーを取るときは時間の方位を使う

方位を取るやり方は、これから詳しく解説しますが（110ページ）、そのあとに絶対に必要になるのは「なほひはる」です。なほひはるは調和のあり方を作るテクニックですが、吉方位のエネルギーを全部取ったら、そのあとに八卦を取って、バランスを取ります。バランスを取るとシフトします。

外は内なり、内は外なり

外で体験することは内なる世界の反映です。反映しているものは内にあって、それが外に反映するのです。これが外は内なり、内は外なりです。

全ては自分で、見えない世界のあらわれを体験し、見えない世界のあらわれから内なる世界を体験しているわけです。

外は内なりなのです。自分がシフトして変わることで外の体験が変わると、内に対してその波動をフィードバックしていくので、世界に貢献することになります。

インナーキャラクターを統合し、さらに運を上げる

人間の潜在意識、自分の個人的無意識には、いろんなキャラクターが潜んでいると言われています。

24の人格を持ったビリー・ミリガン（アメリカの犯罪者。24の人格を持つ世界で最も有名な多重人格者）の話をご存じでしょうか。霊が乗り移っているわけではなくて、自分の中にある人格がかわるがわるあらわれて、自分でコントロールできていない状態に陥った男性の話です。

幼児期に虐待を受けたせいで自我を隠してしまい、部分自我があらわれてくるのが多重人格障害の原因ではないかとよく言われていますが、実は誰でも自分の中にいろんな性格が潜んでいるのです。

クルマに乗ると性格が変わる人がいます。ふだんはすごく穏やかな人が、クルマに乗ると「何だ、馬鹿野郎！」と大声で叫んだりする。でも、それもその人の人格の一部なのです。

その性格を、見えない世界で全部受け入れて統合していくと、よりバランスがとれるようになるので、成長・上昇が加速していきます。

東洋の占いでは「この人はこういうタイプだ」と、メインの性格を出します。いろんな占いがありますが、今回は、よく当たると言われている四柱推命のフォーマットを使います。

四柱推命ではまず、生年月日から、メインの性格をあらわす「日主《にっしゅ》」を出します。干支《えと》というのは十干十二支《じっかんじゅうにし》を略した言葉で、十干が日主に当たります。「十干」というのは、丙《ひのえ》とか、辛《かのと》とか、10種類あるのですが、その性格を自分に内蔵しているという考え方を前提に、それを統合していきます。

《十干の出し方》

四柱推命の第一人者による書籍や、四柱推命の命式を計算してくれるWEBサイトなどもありますので、参考になさってください。

参考文献：『四柱推命　完全マニュアル』（浅野太志・著）
参考サイト：「暦と占いの部屋」内の「四柱命式計算（by八字仙人）」
https://www.moonlabo.com/cgi-bin/cln/cln_clm.cgi?OpDv=stewcore_spcl
など

四柱推命の日主は、10パターンになります。だから、10の性格のメインの傾向が出るということです。フォーマットの前提としては、メインの性格は10パターンあって、それが十干であらわされます。

私の考え方は、四柱推命が当たるか当たらないかではなくて、四柱推命が考えている性格が10パターンあるのであれば、それを使って自分の中で統合を起こそうということです。自分の中にそういう傾向があるわけですから、それを決めつけるのではなく統合して生きていきましょう。

内は外なり、外は内なりなので、**人間関係のいざこざは自分の中の性格が統合されてないから起きる**というのが私の考え方です。

なお四柱推命では、性格を細かく分けるときには十干と十二支の組み合わせをやりますが、今回はそこまでは要りません。10パターンを細かく割っていくと、例えば、丙丑《ひのえうし》とか辰丑《たつみうし》と分かれていきますが、占いではないので、そこまでは要りません。

今回は十干だけでいいです。

もっと簡単に言えば、十干を使って性格統合を起こすということです。

これは性格統合のために四柱推命のエネルギーパターンを活用するだけなので、自分が何生まれなのか調べなくてもいいから、参考書籍も要らないかもしれません。

ここで言いたいことは、自分の中にはいろんな人格がいるよ、ということ。四柱推命の世界では、フォーマットとして集合的無意識の世界があります。分類されている性格もエネルギーなので、それを自分の中で統合していくことで、特に人間関係のバランスがとれていくという考え方です。

四柱推命の中にある性格のパターンを活用して自分の中で内なる性格統合、つまり**インナーキャラクターの統合を起こさせて、より成長させる。すると、人間関係がよくなります。**

人間関係がよくなると、運がよくなります。「運は人間関係によってはかられる」という言葉があるくらいです。

自分の中にある、ほかの人格の性格が反映して、人間関係にあらわれている可能性があります。でも、自分の中でそれを認めていないから、相手を認められないのです。

自分の中にそういう性格もあるんだな、と受け入れて認めることで、外なる人間関係がよくなっていく可能性が十分にあるのです。

例えば、私の血液型はA型で、あなたはB型だから、私とあなたは気が合わないと、言ったりしますね。でも、A型の人が、自分の中にB型の性格もあるということが理解できていれば、仲よくなって楽しくやれる可能性がある。要するに、超える可能性がある。すると、人間関係の広がりが全然違ってくるわけです。

占いというのは、よりよく生きるために、先人たちが統計をとったり、研究をしたり、直感的に持ちつづけてきたりしたものだと思うのです。それはすばらしい知恵で、それを活用させてもらうわけですが、選ぶのはあなた自身、ということです。

《超越開運　実践編》

超越開運のカギは2つ

いよいよ実践編です。その前にいったん、「超越開運」の考え方を整理しておきたいと思います。

「開運」とは、**無意識の思い込み（=ボックス）を出る・超えていくことで、自分が成長し、人生がよりよくシフトしていくこと**だと考えています。そのために、本書では大きく分けて2つのメソッドを紹介しています。

〈1〉吉方位に行かずに「方位」のエネルギーを取り込む

3つのオリジナルテクニックを使って、方位取りをせずに吉方位のエネルギーをいただくことができます。

●なほひふり（方位エネルギーを使えるようにセットアップ）
●なほひまき（いつでもどこでも奇門遁甲の方位を取り込める）
●なほひはる（易のエネルギーでバランスを取る）

〈2〉人間関係が改善するインナーキャラクター統合

先にも書きましたが、「内は外なり、外は内なり」で、人間関係の問題は、自分の中の性格が統合されていないから起こっているというのが私の考え方です。四柱推命の性格パターンを活用して自分のインナーキャラクターを統合・成長させると、人間関係がよくなり、運がよくなります。

「成長と開運はイコールである」という考え方で言えば、開運も無限です。これらのメソッドを実践し、無限の開運サイクルに乗っていきましょう。

【超越開運のカギ1】 吉方位に行かずに「方位」のエネルギーを取り込む

「なほひまき」で時空間から吉エネルギーを引っ張る

「なほひ」が方位のエネルギーを自分で巻き込んでいくので、今回は「なほひまき」と名づけました。

「なほひまき」で、時空間から吉エネルギーを引っ張るときにポイントとなるのは、**「自分が宇宙の中心」**だということです。方位取りに行くというのは、その方位に自分を動かすわけですが、自分が中心であれば、基本的には、メインテクニックはそれだけです。これも簡単です。

（1）まず、抽象的なエネルギーパターンを書き換えていくテクニック「なほひふり」で、能力のセットアップを行います。

空手チョップポイントを、軽く心地いい程度にトントンしながら、次のゴール文を言い、変容を受け入れます。このとき、ゴール文を潜在意識に入れやすくするために、あえて**反対のエネルギーの言葉（ネガティブな言葉）を前半で唱えています。**

「私は吉方位のエネルギーを取ってくることはできませんが、安全に吉方位のエネルギーを取ることを選びます」

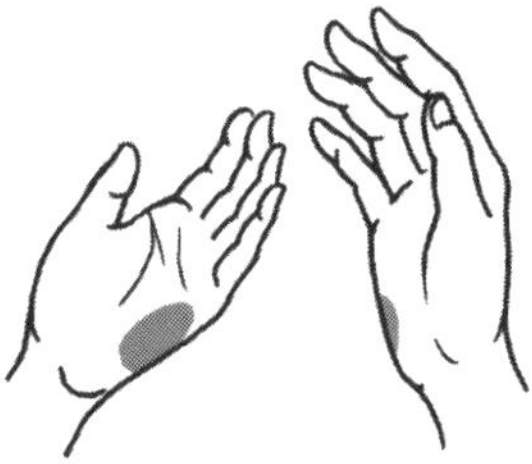

（2）そして次に、**「私は安全に吉方位のエネルギーを持ってくる能力を持っていま**

す」と紙に書いて、左手に載せます。**ここでは、ゴール文（肯定文）のみ**を書きます。

次に、右手（親指と人さし指）で左手の親指から、爪の脇に軽く触れていき、情報のエネルギーをダウンロードしていきます。左手は「入力」、右手は「出力」です。

このとき、自分の波動を上げて（「感謝、喜び、嬉しさ、楽しさ」を感じている状態）、左手の5本の指からその波動の高いエネルギーを入れていくことで、能力がセットアップされます。ここまでが「なほひふり」です。

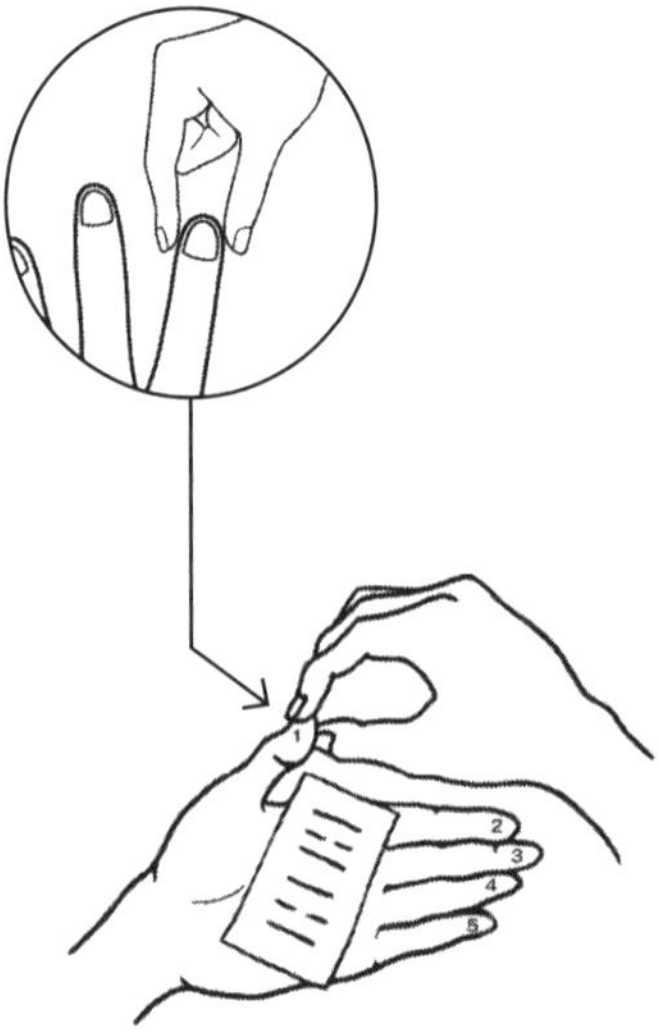

（3）ここからが「なほひまき」です。
ここで暦が必要になります（暦の参考サイトは102ページを参照）。方位はだいたい2時間単位で動いていくので、テクニックを実践する前に確認し、暦に出ている吉方位を向いて合掌。**「我、大宇宙の中心なり」**というアファメーションを3回唱えます。そう言ったことで、自分は大宇宙の中心となります。

（4）次にその方位のエネルギーを、まず左手から引っ張ってきて、自分の全身に入

れていきます。次に、右手からエネルギーを引っ張ってきて、自分の全身に入れていきます。左右左と、この動作をやっていく。これでワンセットです。何回やってもいいですが、お勧めは左右左を7セットやって、合計21回です。21というのは、数秘術で言うと、習慣化するのに非常にいいエネルギーが働くからです。

エネルギーを入れているときは、特に言葉は必要ありませんが、エネルギーが来る感覚がわ

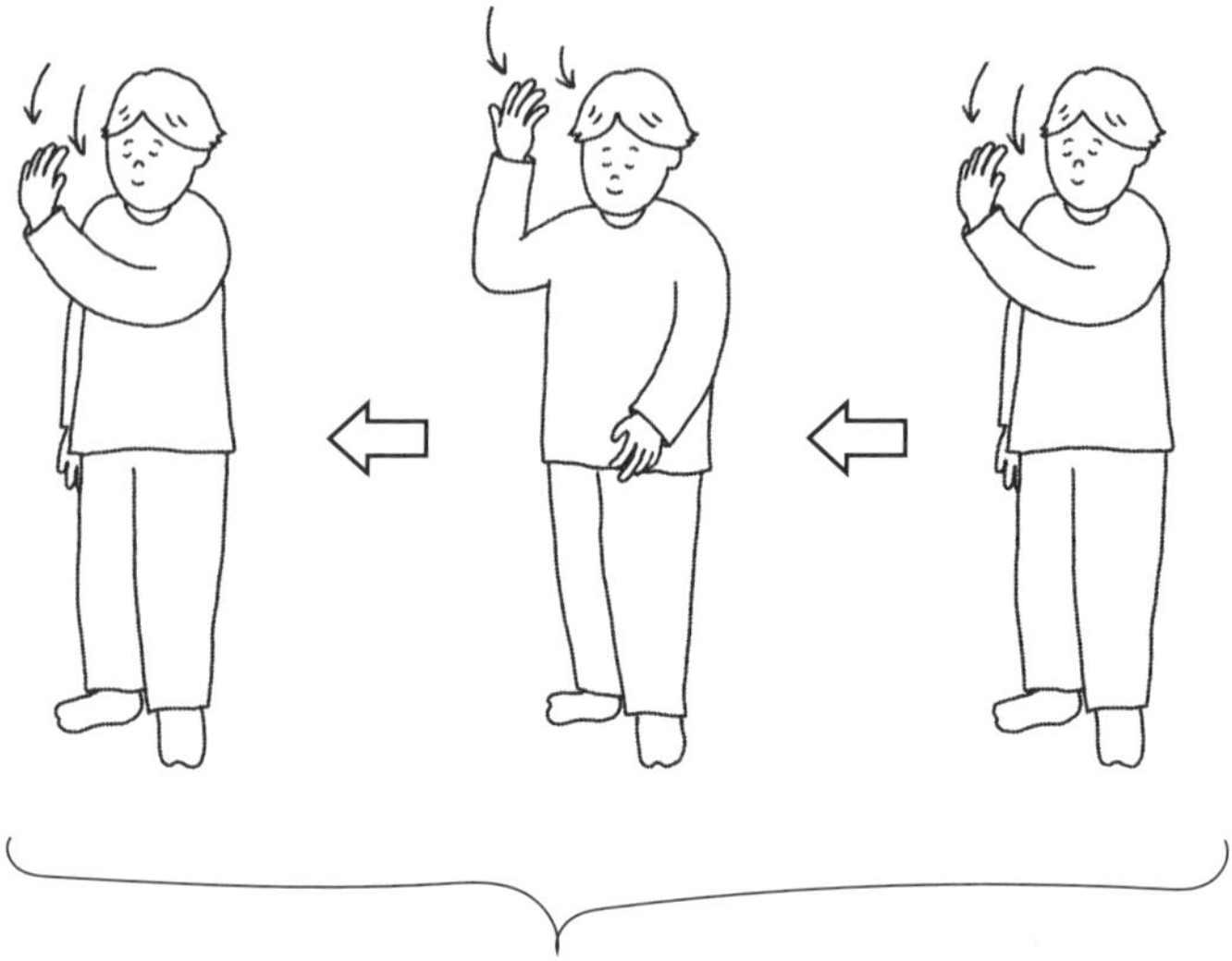

左・右・左でワンセット
×7セット

かるつもりになって、「来ているな」という感覚を持ちながらやるといいでしょう。

（5）そして、**「安全に吉方位のエネルギーをいただきました。ありがとうございます。ありがとうございます。ありがとうございます」**と言う。

安全に吉方位の
エネルギーをいただきました。
ありがとうございます。
ありがとうございます。
ありがとうございます。

これで、吉方位に旅行するのとほぼ同じ効果を得ることができました。とても革命的なテクニックだと思います。

実際にやっていただくとわかるのですが、終わると体が少し熱くなるかもしれません。

なほひはるで、方位のエネルギーのバランスを取る

「なほひまき」で吉方位のエネルギーをいただいたあとに、バランスを取るために「なほひはる」を行うとより効果的です。その方法も紹介しておきます。

（1）まず、準備として「八卦魔法陣《はっけまほうじん》」を作成します。

「なほひはる」は、易のエネルギーを使って、自分が調和した存在としてこの世界を生きるテクニックです。

小さな白い紙に、易経で使用される陰陽の組み合わせ「八卦」と「太極図」のシンボルを描き（全部で9枚）、次のページ下図のようにぐるりと並べて魔法陣を作ります。このとき、反時計回りに「乾《けん》」→「兌《だ》」→「離《り》」→「震《しん》」と進んだら、対角線の向こう側へ移動し、時計回りに「巽《そん》」→「坎《かん》」→「艮《ごん》」→「坤《こん》」の順に置きます。

方位はこの場合は関係ありません。

＊八卦のシンボルも全て入ったオリジナルグッズ「マジカル　イーチン　カード」や麻で作られたオリジナル魔法陣を使用すれば、紙に書く手間がありませんので、ぜひご

<八卦と太極図>

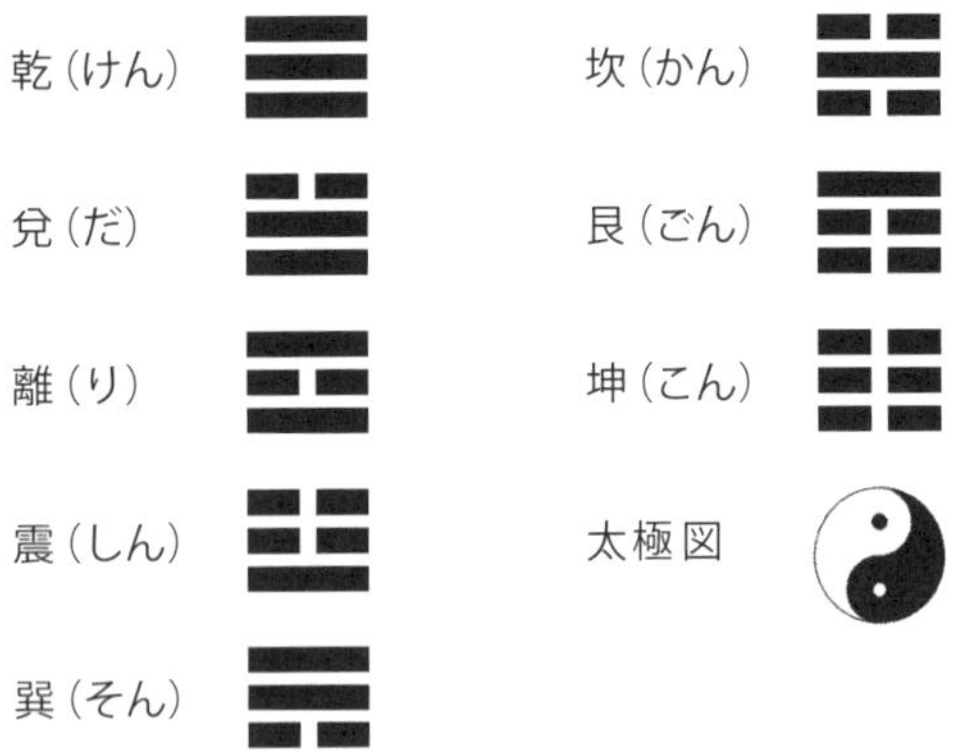

<並べ方>

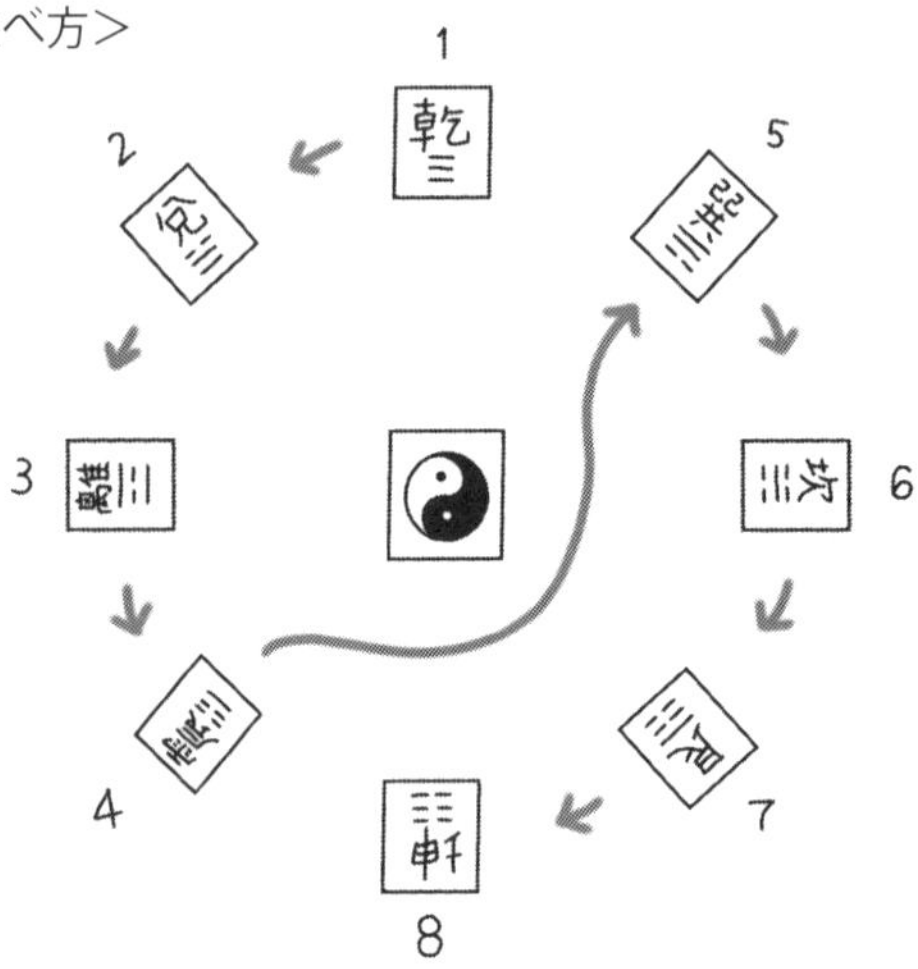

活用ください（巻末でご紹介しています）。

（2）ここからが「なほひはる」です。

真ん中のシンボル（太極図）の上に立ち、合掌します。合掌は陰と陽のバランスの統合をあらわします。

そして、**「この瞬間、私において、全宇宙、大調和なり」**というアファメーションを3回唱えます。

（3）「乾」から先の順番どおりに、各シンボルの上に立ち、「場」に入ってエネルギーを感じていきます。できれば数分、シンボルのエネルギーをめいっぱい感じてください。「エネルギーがすごく上がってくるな」とか「強いエネルギーだな」、「引っ張られる感じがする」など、感じ方は人によって違うので、正解はありません。感じたままが正解です。

「乾」↓「兌」↓「離」↓「震」↓「巽」↓「坎」↓「艮」↓「坤」の順に、同じことをくり返します。体を移動させながら全てのエネルギーを味わっていくことが重要です。要するにこれは、潜在意識と体と空間とシンボルのエネルギーをつなげる儀式です。ですので、とにかく感じる。あるいは、こんな感じだなと想像してください。

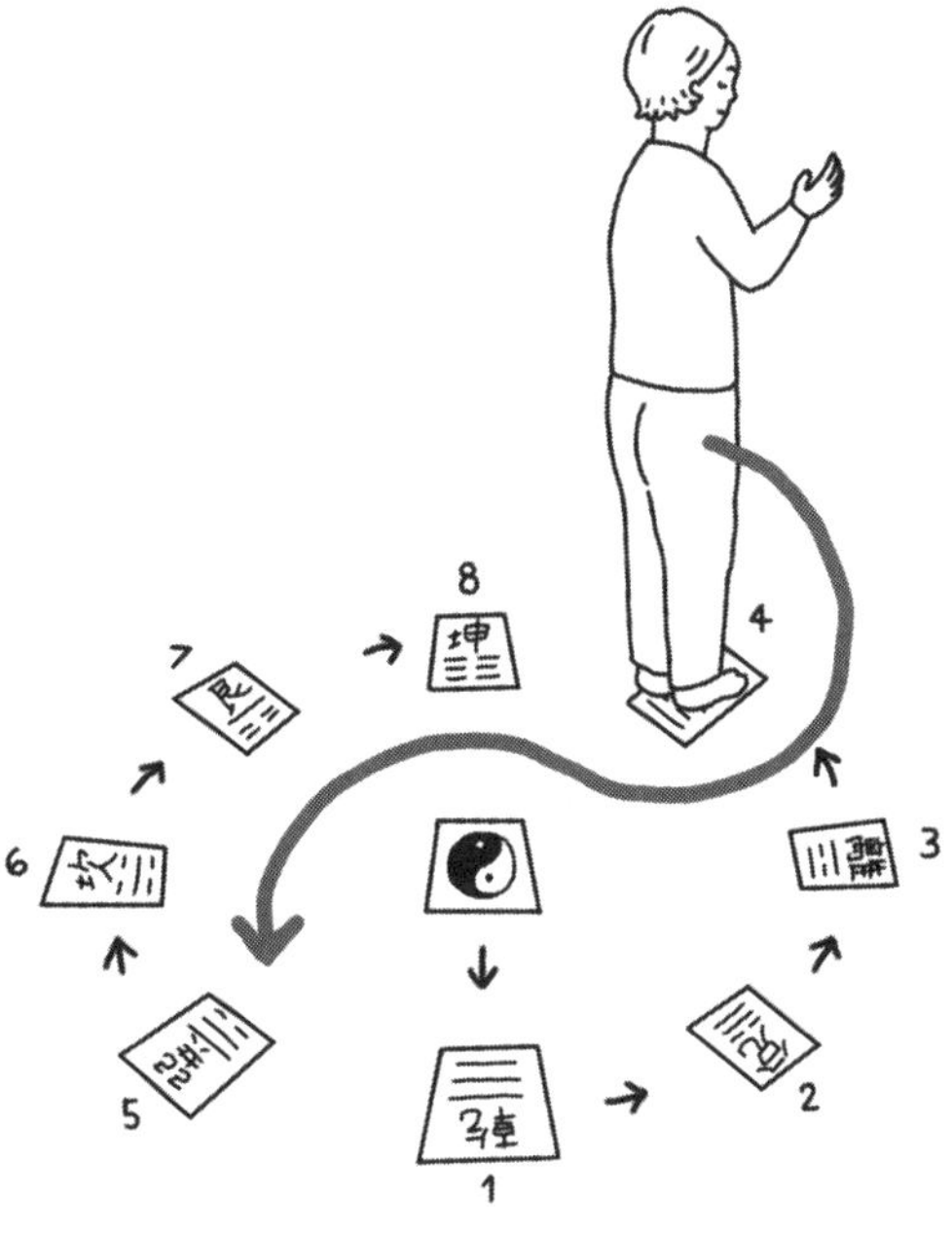

（4）このように、全ての世界の事象をあらわすと言われている易の八卦を全部調和させて、魔法陣の中心（太極図）に戻ります。ふたたび合掌し、**「私において、全宇宙、大調和なり、ありがとうございます」**と言って終了です。

私において、全宇宙、
大調和なり、
ありがとうございます。

「今、ここ」「全ては自分」を基本にする

なほひシリーズは、日常生活の出来事を使って自分を変えていくテクニックが中心です。

私は、**この身体をもって、この現実と言われる世界をしっかりと生きていくことが成長の証し**だと思っているので、自分が成長して、周りも喜んでくれることが私にとっての成長シフトなのです。

ファンタジーだったら、楽しいです。しっかりと現実を生きていて、天使とか、妖精とか、宇宙人とか言っているのだったらいいけれども、現実と乖離《かいり》しない方がいいと思います。例えば、お金がなくなる世界はいつ来るんですかと期待する人たちもいますが、これは現実と向き合っていない可能性があります。現実を受け入れることができていないのではないでしょうか。現実を受け入れたくなくて、未来に逃げている。

どんな時代になっても、自分はよりよい人生を生きていく能力を身につけることが大切だと思います。

例えば、お金を稼ぐために働かなくていい時代になったとしても、そういう人は違った問題を抱えるでしょう。

「今、ここ」に全てがあります。過去も、未来も、ここにあります。成長すれば、未来も当然変わります。

そういう意味では、これからご紹介する「インナーキャラクター統合」というのは、潜在意識フィールドでエネルギーを使うことで、恐らく一生かかっても1つのボックスの中で終わる人たちでも、短い時間で簡単に成長していくことができます。いつの間にか相手を理解する、あるいは相手が勝手に変わります。

「全ては自分」なのです。それを基本にしましょう。人を変えようとする努力は大変です。変えようとすればするほど、変わりません。とにかく受け入れる。受け入れるだけで変わることが多いのですが、受け入れて自分を変えると、相手も変わります。

人間というのは、外があって自分がいると強く思っているので、世界のせいにしたり、世の中のせいにしたり、人のせいにするという根深い癖があると思うのです。そこから抜けなければいけない。

「これを経験しているのは誰なんだ」

誰がこんなネガティブな感情を持っているんだろう。全ては自分なのです。そこにアプローチすることで、周りが勝手に変わっていきます。そのことに気づいたら、どんどん変わっていきます。

1人1人が目覚めて、人のせいとか世の中のせいと思わなくなったら、世の中はよくなるんじゃないかと思います。

【超越開運のカギ２】　人間関係が改善するインナーキャラクター統合

人間関係が良くなると運も良くなる?!

（1）「十干《じっかん》」を書いたカードを用意し、円形に並べます。正面はありません。

　ここでは、全てのキャラクターを自分で統合するので、アファメーションが重要です。**「私において全ての内なる性格（インナーキャラクター）が統合されています」**と3回唱えます。

「私において、全ての内なる性格が統合されています」
×３回

十干：甲《こう》・乙《おつ》・丙《へい》・丁《てい》・戊《ぼ》・己《き》・庚《こう》・辛《しん》・壬《じん》・癸《き》

※ご自身の十干はWEBサイトなどでご確認ください【104ページ参照】。

（2）そして、まず自分の十干のカードに入り（※上に乗る）、しっかりエネルギーを感じます。

（3）そのあと、上から見て右回りに1枚ずつ移動し、全てのカードを回っていきながら、それぞれのエネルギーを感じます。このときやることは、それぞれのカードに入って、エネルギーを感じるだけです。これは体感をとる練習にもなります。

（4）エネルギーは全て異なるので、しばらく時間をかけてエネルギーを感じます。

そして10枚のカードを全部回ったら中心に立ち、**「私において全ての内なる性格が統**

合されています。ありがとうございます。ありがとうございます。ありがとうございます」と言って、終了です。

私において、全ての内なる性格が統合されています。
ありがとうございます。
ありがとうございます。
ありがとうございます。

1カ所にかける時間は適当でいいのですが、ちょっと時間をかけて感じたほうがいい。はい、はい、はい、と、ただ歩くのではなくて、数秒はとどまって、エネルギーを感じたら、次に行く。感じながら歩いたほうがいいですね。

《超越開運　まとめ》

あなたの感情が成長のヒントになる

人間が感情を持っているのは、大きな贈り物だと私は思っています。ネガティブな感情、ポジティブな感情、どちらもあるから、自分の人生を変えるのに使える。**感情は成長の道具になる**のです。

ネガティブな感情があったら、それを否定するのではなくて受け入れることで、よりよい人生にシフトすることができる。

ポジティブな感情があったら、世界に対して感謝したいし、響かせていきたいとなっていきます。

そして、人生が変わっていく。感情があるからこそ、私たちはよりシフトしていけるのです。感情が、成長のヒントになる。ポジティブな感情、ネガティブな感情、どちらも活用して、より成長していく。成長していくことが世界に対する貢献になっていくのです。

今は、世界情勢とかを見ても、まさに感情がすごく揺さぶられる世界だから、ある面、１人１人が成長していくチャンスだと言ってもいいと思います。

まずは、決めることです。「私の人生は何ですか」と聞かないで、「私の運命はすばらしい」とか、「私は常に成長していくんだ」とか、まず決めましょう。

人は、決めるときに理由を求めようとしますが、理由は後から来ます。まず、自分の人生をどういう人生にするのか、自分で選んで、決める。そうなるかどうかは別にして、そういう人生だと決めるのは自由です。そんな理由はどこにあるの？　と思うかもしれないけれども、まず決めればいいのです。

その後、潜在意識をデザインしていく。自分は幸せな人生を生きていると決めたら、自分の人生が幸せになるようにデザインしていくのです。

今回のテーマは「超越開運」であり、「無限成長」ですから、**「私は常に今生において成長していく。そして、開運をどんどん高めていく。そして、世界に貢献する」と**

決めて、潜在意識をデザインしてください。

決めて、整えたら、あとは委ねるだけ

人と人が、なぜぶつかり合うのか。自分の中の性格のぶつかり合いがあるから、それが外にあらわれるのです。ですから、内的人格を統合することで、よりよい人間関係がどんどんあらわれて、成長していく可能性があります。

内は外なり、外は内なりなので、自分が中心であればエネルギーを持ってこられるのです。生きている体を使って、自分が中心となって吉方位のエネルギーをどんどん取って、成長していくということをすればいいのです。

今回はそのテクニックを、2つ、書かせていただきました。

まず決めて、潜在意識フィールドを整える。

次は、サレンダーです。**私たちを生かしている力にお任せすればいい**のです。自分でやろうとするから疲れる。自分がやることは、決めて、整えるだけです。そして、委ねる。
委ねると、変化は必ず訪れます。仏陀は、「この世界は変化である」と言いました。世界は常に変化しているのです。

受け入れると、今入っているボックスよりも、上のボックスに上がります。新しいボックスに移ったことであらわれる変化が、必ず訪れます。ネガティブなことが一時的に起こるかもしれませんが、受け入れてください。すばらしいポジティブなことが起こります。ポジティブなことが起こったら、受け入れて、それを感謝とともに世界に響かせてください。すると、何があっても成長の糧に使っていけるようになります。

「超越開運」は無限です。常に開運成長していきましょう。
そのためには、受け入れることが本当に重要です。**受け入れたら、感謝するのも重要です。**感謝することで波動が変わります。体験しているのは誰ですか。

エネルギー的には1日1日が新しい人生

人類の集合的無意識とか時間とか共有概念を持つことでつながることができるけれども、深い部分では、**1日1日が新しい人生なのです。**

だから、朝起きたら、「きょうは最高の1日だ」と、まず決めてください。

決めたら、整える。例えば、「きょう1日が最高の1日になるために必要なエネルギー」と言って易を立てて、「なほひふり」でそのエネルギーを入れればいいのです。

数分しかかかりません。

あるいは、朝起きて目をあけたら、「きょうは最高の1日だ」と、自分の潜在意識に癖づけします。

それを毎日続けていると、条件反射で、朝起きたら、「きょうは最高の1日だ」というエネルギーが稼働しやすくなります。

悪いことも起こるかもしれないけれども、それは成長していくために必要なことなのだから、もっと最高の1日に上昇していきます。

ただ、やらなければいけないという気持ちではやらないほうがいいです。やりたいと思うならやってください。やらなければならないという強い義務感は、エネルギーを滞らせてしまう可能性があります。

その日の終わりには、1日を振り返って、いいことも悪いこともあったけれども、きょうはいい1日だったなと思い起こしてください。出来事は中立なので、これをすると、いい面を見る練習になるのです。これも何度もやっていると条件づけされます。

そして、「きょうはいい1日だったな。ありがとう」と言ってから寝ます。そうすると、そのエネルギーパターンが自分の潜在意識領域でどんどん固定化・安定化していきます。

眠れない人は、ネガティブなことにとらわれて眠れなくなることが多いので、特にこれをやってみるといいです。

ダイビング中に溺れた人は、なぜ助かったか

すごく興味深い体験をした人がいます。フィリピンでダイビングをしていたとき、30メートル以上潜ってはいけないのに40メートルも潜ってしまって、潮に流されて岸へ戻れなくなってしまった。ボンベの酸素もほとんどない。彼女は、そのとき不思議な体験をしたと言うのです。相当危ない状況なのに、すごく穏やかな気持ちになった。究極の体験をすると、そういうふうになることもあるのかもしれないです。

焦ってパニックになってジタバタするのではなくて、その状況を受け入れたのではないかと思うのです。水泳の訓練は、体の力を抜いて浮かぶところから始めます。力を入れたら沈みます。受け入れて、力を抜く。

だから、デザインしたら委ねるということは重要だと思うのです。

なぜ助かったかというと、花火のようなパンパンという音が遠くから聞こえてきたと言うのです。何の音だろうと思ったら、フィリピン近海では音を立てて魚を網に追い込む漁があって、彼女はその網にかかって九死に一生を得たわけです。網に人間がかかったと、漁師がびっくりしていたそうです。

受け入れて委ねると、命の力が立ち上がるのでしょう。

「自分の人生の開運はこんなものだ」ではなくて、自分が思いもしなかった可能性が開けてくる。まさに超越開運です。そのためには、日常生活こそ成長の糧となるわけです。

その人は、生きることが怖くなくなったと言います。ネガティブなことはイヤだけど、起こっても大丈夫という感覚が芽生えたようです。

日常生活から嫌な人がいなくなった理由

日常生活で、あまり嫌だなと思う人と出会わなくなったとしたら、それは自分が変わったからです。苦手な人が出てきたら、自分の人生に必要な悪役だと思って、かへる（※なほひかへを実践する、の意味）だけ。これはシフトするチャンスです。

こういうことは誰にでもあります。もちろん、私にだってあります。ただ、レベルが変わっていきます。私の場合は、とりあえずかへる。イヤなことはイヤだけど、それを感じているのは私だから、そこを変えると上昇して、気にならなくなってくるのです。

比較するとボックスに入ってしまう

人々がボックスに入ってしまう、長い年月で培ったエネルギーパターンが**「他人との比較」**です。これはみなさん、けっこう根深く持っていると思います。比較から競合に行くのです。

と言っても、とかく比べたくなってしまう。人はみんなそうです。だから、**比較するなら、以前の自分と比較して、よりよくなっていると気づけばいい。**

自分がつらくなっているから、比較している場合が多いのです。例えば、「私は幸せだ」と言ったときに、心の中では「もっと幸せな人がいるだろう」とか、「不幸な人もいるのに、私が幸せだと言っていいのか」と思ってしまうことはありませんか？これは全部、比較の論理です。そこに気がついて、ネガティブな感情が出たら、それを使って成長させればいいのです。

心から素直に「ネガティブはチャンス」と思えるようになったら、次は、いよいよ開運です。さらに前に進んでいきましょう。

「開運するために何をするか」ではない

全ての、日常生活の出来事は、自分がより成長し、開運していくことに使えます。**開運するために何をするかではなく、自分を成長させていくと、勝手に開運が起こる。**

開運というのは、ボックスを超えていくことです。よりよい開運にシフトしていくことで、自分が開運し、世界がシフトして開運していくことにつながっていくと思います。

形態形成場とか10％の理屈などとよく言われますが、10％の人々の意識がシフトすれば、世界は恐らく変わります。約7億人の人々が本当に内面を変えていけば、世界の表層上のことは変わっていくだろうと思います。そしたら、開運というのは、いい方便じゃないでしょうか。誰もがもっと開運したいはずですから。

開運のために何をするかと考えると、けっこう面倒だったりしますが、考え方を変えるだけで開運するというのは、誰にでもできることです。「今、ここ」からがスタートです。

まず、やってみる。私がつくった「なほひ」シリーズのテクニックを実践して、ストレス度が下がるだけでも、すごく楽になります。しかも、それが短い時間でできてしまうわけですから、ぜひやってみてください。その後、現実が変わってくることが多いです。

ちなみに、エネルギー的には1日1日が新しい人生なので、「なほひはる」などのエネルギーワークをするときに、日によってエネルギーの体感が違うのは当然です。生きて1日を終えることは、すごくありがたいことなのです。

毎日毎日、新しい人生を使ってどんどんシフトしていくことで、またよりよく成長した人生があらわれるということです。

そして成長は無限であり、超越開運も無限である中で、日々シフトしていく。1日1日を活用して、常に開運していきましょう。開運していくことは成長です。**成長というのは、自分の中にある運命のフォーマット（これが自分の運命だと思い込んでいること）をどんどん超えていくこと**です。

全宇宙への貢献は無限である

エネルギーはなくなりません。質が変わるだけです。

並行宇宙なので、気がついた人たちは、よりよい地球に貢献していくことができるし、それは無限なのです。地球で過ごしている人たちが、地球は最悪だ、もう二度と来たくないと思って地球を去っていくのか、それとも地球はすばらしいと思って去っていくのか。魂は不滅だから、よりよい成長をしていくことで、祝福のエネルギーの質がどんどん高まっていけばいいなと思います。

自分がよりよい人生になっていくことは、よりよい人生を宇宙につくっていくことと同じです。あなたがいるから宇宙はあるのです。

あなたがいて、自分の人生が豊かで、宇宙も豊かになっていく。それをいただいている自分自身に感謝し、もちろん純粋な意識、私たちを生かしているエネルギーにも感謝していく。

自分とは何者なのかということに、いよいよ気がついていく時代になっているのではないでしょうか。

あなたという存在に感謝する

命は祝福だと思うのです。ですから、そこをどんどん成長させていけば、この宇宙に対する貢献でさえ無限です。**自分という存在に感謝しましょう。**

自分がいるから、つらいことも楽しいことも、喜びも悲しみも含めて、世界を認識・体験しています。その自分に感謝するということは、自分の命に祝福を与えることです。祝福を与えれば感謝が生まれます。

全ては自分であり、自分が成長することが宇宙の成長なのだから、それができる機会を持っている自分自身に感謝することは、すごく重要なことだと私は思います。だって、自分がいるから、体験し、成長する機会を得ているのですから。

開運は自分を成長させるための方便

人は、運命に翻弄されて、この世界を去っていくことが多いのではないでしょうか。

人はこの世界から必ず去っていくわけですが、もしかしたら、今は去る時期でさえ変えられる時代になっているかもしれません。ボックスが運命のパターンだとしたら、死のタイミングもあるわけで、今は、そこを超えていくこともできるかもしれないということです。

かつては性別を変えられるなんて思ってもみませんでした。そこに執着する必要はないけれども、それだけ柔軟性が増している時代ではあるのかなと思います。だからこそ私たちは、この時代に、ここに生まれたことに感謝しなければいけない。

今は希有な時代です。コロナ、戦争、ますます世界が揺らぎ、自分の人生も揺らぎ、ここでどうするの、と、問いかけられているじゃないですか。

だから、自分の運をどんどん上げること、つまり「開運」を1つの方便として使い、より自分を成長させていってほしいのです。

高校生のときに書いた「不幸の自覚」と題した日記

運に関しては、私の中学生時代からのテーマでした。お小遣いで本を買ったり、図書館でいろいろな本を読んだりして頭が混乱し、結局、人生はつらいことばかりじゃないか、と思った時期もありました。今は、とても恵まれた人生だと思っていますが、そうは思えない時期もあったのです。

高校生のころ、日記を書いていました。その題名は「不幸の自覚」。自分はいかに不幸かということを書いていたわけです。今思うと、恥ずかしい。すごく恵まれていたのに、自分のネガティブな部分ばかりを見つけて、不幸だ、不幸だと思って反抗的になって、親に「うるせえ」とか言っていました。

その後、親が私に何も言わなくなったので、「ヤバい、日記を読まれたな」と気づいたのです。
なかなかのタイトルですし、自分の息子がこんなものを書いているのかと知って、親は目も合わせられないみたいな気持ちになりますよね。しかも、中身を読んだら、呪いの言葉の羅列ですからね。親は相当心配したと思いますし、当時を振り返ると、本当に申しわけないです。

今は、自分の経験の中で、どんなネガティブなことがあっても、それを活用してどんどん成長していけると思うし、もっともっと感謝の輪が広がると思っています。ただ、ネガティブなことをあえて書き出すというのも、実は成長していく1つのテクニックなんです。というのは、ネガティブな事象をずっとため込んでいると、そのボックスから出られないからです。

ですから、ネガティブな日記を書いてください。呪いの言葉を書いてください。ただし、書いたら、それはもう終わりだという意味を込めて、破って捨ててください。

ネガティブなエネルギーは水に流して浄化し
ポジティブなエネルギーは燃やして上昇させる

ネガティブなエネルギーを紙に書き出したあとに、燃やすという方法もありますが、燃やすのと水に流すのでは使い方が異なります。ネガティブなエネルギーは水に流したほうがいいのです。今は水に溶ける紙が売られているようなので、それに書いて水に流す。

火は、願いを実現するときによく使います。例えば、護摩焚きというのは、神仏を呼んで、それを火の力で上げるわけです。

水は、ネガティブなエネルギーを流すのに使います。自分のアクションとしては、ネガティブなエネルギーを解放した、終わらせたという意味合いです。

「ネガティブなことを書くことで、それが潜在意識に入ることはないんですか」とよく聞かれるのですが、それはありません。逆に（意識の外に）出る。「不幸の自覚」には、たぶん読んだら卒倒するようなことを書いたので、それが潜在意識に入っていたら、私は今ここにいないでしょうね（笑）。

ただ、私は書くことでストレス解消になりました。ずっとためていたら、そのネガティブなエネルギーと一体化してしまいます。ネガティブなことは言ってはダメだと言うけれども、それは逆で、解放しないと縛られてしまうので、解放することが重要なのです。

そのときには、ネガティブなことをただぶつぶつ言うだけではなくて、それによってエネルギーが解放されるというイメージでやったほうがいいですし、実際に行動すると一番いい。「書いたら終わり」と、行動で示す。BE、DO、HAVEです。BEで、ネガティブなエネルギーを出して、DOで、これはもう解放されたと行動で示すと、HAVE、上昇した人生のほうにシフトするというテクニックです。

自分のことを大嫌いだ、この馬鹿野郎、ふざけるんじゃねえとか書いて、破って捨ててみてください。そしたら、楽になるはずです。波動共鳴なので、楽になったらシフトするだけで、悪いことが起こるわけがない。

ネガティブなエネルギーを隠しているうちに、だんだん奥に入ってそのエネルギーに気づきにくくなったりする。余計に強化されて出しにくくもなってくる。すると、体験が来ます。

奥に入ってしまうと、「何で私にこんなことが起こるの」という思いがけないことが起こるので、そのネガティブな感情エネルギーに気づき、それを解放していくわけです。

テクニックを使ってどんどんシフトする経験をしていくと、ネガティブなことが怖くなくなっていきます。

ある人が私のところに来て、「最近、すごく大変なことが起こったの」と、笑いながら言うのです。普通は、この人、大丈夫かと思いますが、私にはわかります。「もう気づいているのですね」と言ったら、「そうなんです。もっといいことが来るのを楽しみにします」と言うわけです。実際、そうなっていくのです。

ぜひたくさんの人にこの本を読んでいただいて、実際にテクニックを実践してもらいたいと思っています。

特別公開！

《ネガティブエネルギーを活用するテクニック》

ネガティブな出来事や感情は起こらない人はいません。ですが、起こったときにネガティブエネルギーを無視したり、抑え込んだりすることは、抵抗していることになりますし、ネガティブエネルギーに蓋をして持ったままにしておくと、引き寄せが起こり、何度でも現実にあらわれるのです。ネガティブが起こったときは、受容し、活用するチャンスです。

本書でご紹介したメソッドでは使用しませんが、人生をシフトするのにとても有効なテクニックである「なほひかへ」と「なほひゆい」も公開いたします。

《なほひかへ》

ネガティブをポジティブエネルギーに変換するテクニック

【手順】

① 合掌し、アファメーション「我、大いなる光と1つなり」と3回唱えます。

アファメーションを行う。
我、大いなる光と1つなり。
3回唱える

② 自分が感じている自分のネガティブなエネルギーを特定していきます。

③右手の手のひらは下向き、左手は上向きに構えます（受容のポーズ）。

④ネガティブエネルギーを、本気で左手に出していきます。出して出して出し切る！

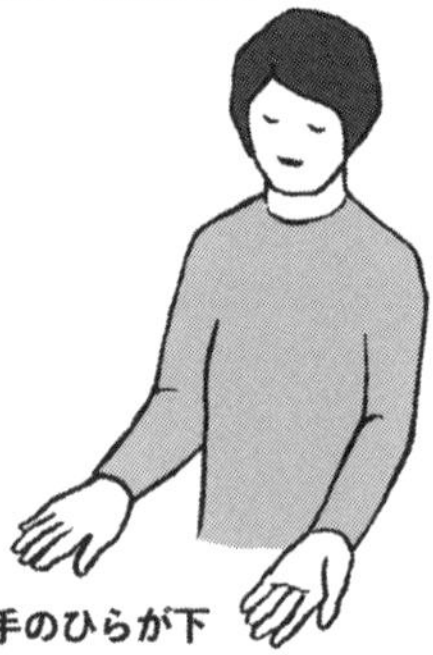
ネガティブな思いを
左手の上に乗せていく。
右手は手のひらが下
左手は手のひらが上

⑤ 左手の下に右手を添え、親指を立てます。

⑥「ネガティブエネルギーをポジティブエネルギーに変換します」と意図します（または言葉にします）。⑤の状態で両手をシェーカーを振るように振りながら、「変換変換変換」「かへかへかへ」とコマンドを言います。

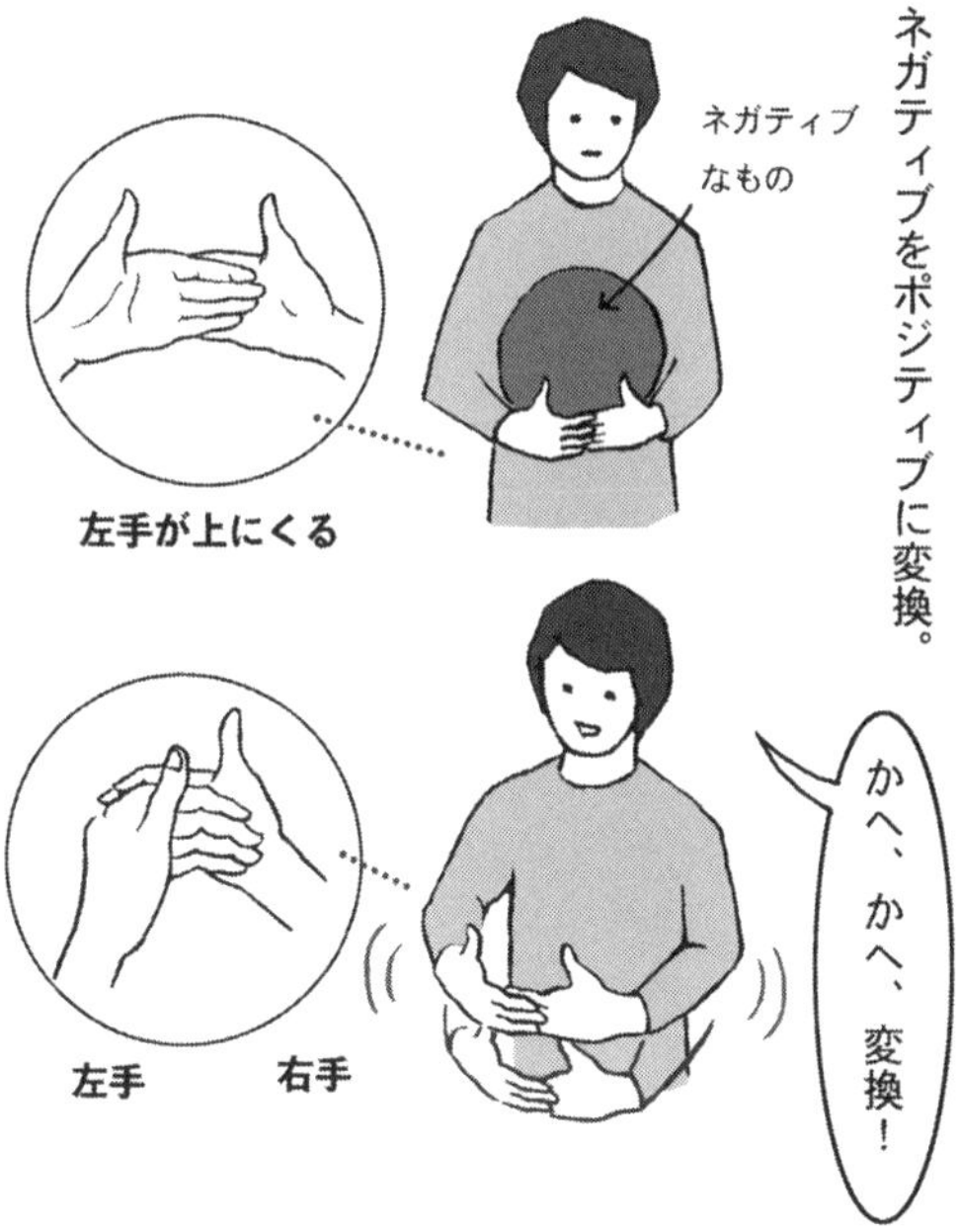

ネガティブをポジティブに変換。

⑦ そろそろ終了でいいかなと思ったら、手印を結び、「ありがとうございます」を3回唱えます。

《なほひゆい》
ネガティブなエネルギーを解放するクリアリングのテクニック

【手順】

① なほひゆいで取り扱いたい、ネガティブなエネルギーを身体の中で決めます。

② 今のストレス度数を、最高を10点として何点か決めます。

③ 身体の内にそのエネルギーの根本にあるエネルギーの場所を見つけます。痛みの場合は「痛みの場所」を扱ってもいいですし、「この痛みの根本原因はどこにあるか」と問うこともできます。「感情を作る根本のエネルギーはどこにありますか？」など、問いの立て方を工夫します。

④ そのネガティブなエネルギーを特定します。「見えるとしたら」とイメージしながら、形、大きさ、色、触った感じ（質感）、重さ、硬さ、温度などを具体化していきます。このエネルギーに、オリジナルの名前を付けます（名前を付けるとエネルギーは特定されるのです）。

⑤名前を付けたエネルギーをリリース（解放）します。

一番近い四肢から、手で触りながら引っ張って出すイメージです。抜いたエネルギーは地球や宇宙に返すという意識を持ちながら、ただ抜くだけで大丈夫です。これで1つのエネルギーパターンが解放できました。自分がフラットなエネルギー（意味づけされていないエネルギー）を出したら、フラットなエネルギーとして返ってくるのです。

本書には光一氏によって、
さらなる開運成長を支援するエネルギーが注入されています。

あとがき　～無限開運のサイクルへ

運命は決まっているのでしょうか？　それとも、運命は変えることができるのでしょうか？

人々は長い間、この命題について思索してきました。古今東西の賢者たちも、様々な考えを述べてきました。

私自身は、運命をよりよく変えることができると信じています。

あなたがよりよい運命を追求するとき、その心情が高まると、あなたの周りにはますます開運の気配が漂い、よりよい運命への移行が進むことでしょう。

あなたは、次第に開運し、成長し、さらに良い人生を切り拓いていけるでしょう。

そして、その喜びある人生を通じて、あなたは世界に対しても多大な貢献を果たすことができるのです。

運命とは、あなたの潜在意識に刻み込まれたエネルギーパターンです。しかしこのエネルギーパターンは変容可能です。エネルギーパターンの変容によって、運命をよりよい方向へ導くことができるのです。

そのためには、潜在意識に潜むエネルギーパターンを変えていく方法が存在します。この本では、「開運」というテーマに焦点を当て、２つの主要なテクニックを提案しています。

「開運」の考え方は、私たちの無限の成長と深い関わりを持っています。あなたが無限の「開運」を志し、その思念を潜在意識に溶け込ませていくとき、あなたは無限の開運サイクルに乗ることとなるでしょう。

宇宙は、その準備した流れを私たちの成長に利用させ、開運と成長の道を歩んでいくよう導いてくれるのです。

たとえ一時的に不運が訪れたとしても、大丈夫です。宇宙はあなたの「開運」をずっと支え続けてくれます。永遠に不運の中に閉じ込められることはありません。宇宙は陰陽の法則に従って動いているからです。

あなたが「開運」の意識を持ち、宇宙に委ねると、必ず宇宙はあなたのもとへ開運の兆しをもたらしてくれることでしょう。あなたは絶えず成長を遂げていくのです。

そして、あなたの開運と成長は、潜在意識の領域から発せられる影響を通じて、宇宙全体の成長にも寄与していくのです。

だからこそ、あなたの人生を積極的に開運していくことが大切です。ますます開運を追求しましょう。

あなたは、環境に左右される存在ではありません。むしろ、環境を上手に活用する存在なのです。

環境を賢く活用することで、よりよい環境を共に築き上げることができるのです。

日々の生活を開運させるための前提として、いくつかの考え方を共有します。ぜひ参考にしてみてください。

・「あなたの人生を創造する主役はあなただけです」
・「あなたの運命はあなたが決定することができます」
・「あなたの人生の脚本はあなたが描くものです」
・「宇宙の中心に立つのはあなたです」
・「全てはあなた次第です」
・「あなたの開運と成長が進むと、周囲の世界も同様に発展します」
・「自分自身を受け入れることで、運命の転機が訪れます」
・「ネガティブな出来事にこそ、新たな可能性が潜んでいます」
・「開運と成長には限界はありません。あなたは無限の可能性を秘めています」
・「あなたの現実の出来事は、潜在意識のエネルギーが映し出すものです」
・「潜在意識に刻んだエネルギーパターンは、必ず現実世界で現れます」
・「自己イメージを高めることで、人生も変わります」
・「自分を信じることこそが、宇宙を信じることです」

あなた自身が本来の力を思い出し、ますます開運と成長を迎えられることを心より願っています。

この本がその一助となれば幸いです。

謝辞

『超越開運』の企画にご賛同いただき、快く受け入れてくださったヒカルランドの石井社長に心より感謝申し上げます。また、編集と執筆の石田さん、ヒカルランドのスタッフの皆様、光一と共にセミナー、セッション、スクール、アカデミーを通じて学び、よりよい人生を築いてくださっている仲間たち、そして光一のテクニックを実践してくださっている皆様に心から感謝いたします。多くの方々のご協力のおかげで、この本を完成させることができました。深く感謝申し上げます。

私たち1人ひとりの存在が輝き、それによってますますこの世界が輝かしいものとなりますように。心より感謝申し上げます。ありがとうございます。

光一

光一（Kouichi）

これまでに数多くのスピリチュアルワークを習得。10代の頃から古今東西の占術、心理学、哲学、宗教、秘教、量子論など探究心の赴くまま広く深く学び取った引き出しの多さは圧巻。その集大成として一人ひとりが自らを整え潜在意識をデザインするためのセルフテクニックを多数開発する。それらのセルフテクニック「ワンライトメソッド®」は多くの人々の人生を変容させるサポートとなっている。

ワークショップ、セミナー、個人セッション、経営者向けビジネスコンサルティングなどのほか、主宰する「エンライトアンバサダーアカデミー®」を通じ、人々の気づきを促す活動を精力的に展開中。

一方、ビジネスの世界においては、20代のころからトップセールスマンとして活躍し、何度かのリストラと転職を経て、同業界の大手5社を渡り歩く。うち1社では入社後まもなく最年少役員に抜擢される。フリーランスの経営コンサルタントとしても実績を上げ、社会人としても影響力のある地位を築いた。

人生のモットーは、「いつでも笑いながら、明るく楽しく」。現実世界に生かせないスピリチュアルの教えは意味がないとして、両者をうまく融合しながら、幸せで豊かに生きる「スピリチュアル実用主義」を提案している。

東久邇宮文化褒賞、東久邇宮記念賞、東久邇宮平和賞を受賞。

著書に『ディヴァインコード・アクティベーション』『きめればすべてうまくいく』『すべてはあなた』（ナチュラルスピリット）『超越易経 nahohiharu』『エネルギー経営術』『パラレッタ！』『エンライトメント・サイバネティクス』（ヒカルランド）『祝福人生創造ブック』（ビオ・マガジン）などがある。

光一公式 HP　https://www.nahohi.info

超越開運

時空間の吉方位エネルギーを引き出す無限シフトの方法

第一刷　2023年10月31日

著者　光一

発行人　石井健資

発行所　株式会社ヒカルランド

〒162-0821　東京都新宿区津久戸町3-11　TH1ビル6F

電話　03-6265-0852　ファックス　03-6265-0853

http://www.hikaruland.co.jp　info@hikaruland.co.jp

振替　00180-8-496587

本文・カバー・製本　中央精版印刷株式会社

DTP　株式会社キャップス

編集担当　石田ゆき

ISBN978-4-86742-280-9

経営者限定！ 光一氏による
エグゼクティブビジネスコンサル
あなたの会社のエネルギーがまるごと変容します！

講師：光一

会社の為、社員の為、売上の為に奮闘する経営者のみなさま
そして起業した個人事業主のみなさま
またはこれから起業し、経営をしていこうとするみなさま
エネルギーレベルから変容を起こすエグゼクティブビジネスコンサル
が始まりました。

「年商が５倍になった」
「一年の売り上げ予算を半年で達成してしまった」
「１ケタ、収入が上がった」など驚きのご報告も！

今、起こっている現象には
必ず、それを起こしているエネルギーの状態があります。

経営者様ご自身の深い潜在意識層の思いこみを整えることも含めて、会社全体のエネルギー、加えて土地や場のエネルギーも調整。
会社全体を様々な角度からリーディングし、信念変換、エネルギー調整のお手伝いを、光一氏がマンツーマンでみっちり 60 分行います。

根本原因を一瞬で見極め、さらに一瞬で変換！
60 分で出る結果が、場合によっては何年分、何十年分……
業績としあわせの両方を手に入れるためにかかる時間を大幅にショートカットする、まさにスペシャルなエネルギーレベルでの経営コンサルです。

「経営者限定！エグゼクティブビジネスコンサル」
時間：60 分
価格：48 万円（税込・事前振込）
※ 開催日時は左ページ参照／掲載日以降は、元氣屋イッテル（神楽坂ヒカルランド みらくる：癒しと健康）HP にて随時ご案内します。

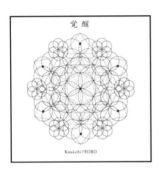

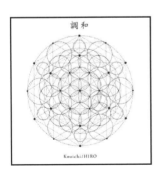

自然の中にいるような心地よさと開放感が
あなたにキセキを起こします

元氣屋イッテルの１階は、自然の生命活性エネルギーと肉体との交流を目的に創られた、奇跡の杉の空間です。私たちの生活の周りには多くの木材が使われていますが、そのどれもが高温乾燥・薬剤塗布により微生物がいなくなった、本来もっているはずの薬効を封じられているものばかりです。元氣屋イッテルの床、壁などの内装に使用しているのは、すべて45℃のほどよい環境でやさしくじっくり乾燥させた日本の杉材。しかもこの乾燥室さえも木材で作られた特別なものです。水分だけがなくなった杉材の中では、微生物や酵素が生きています。さらに、室内の冷暖房には従来のエアコンとはまったく異なるコンセプトで作られた特製の光冷暖房機を採用しています。この光冷暖は部屋全体に施された漆喰との共鳴反応によって、自然そのもののような心地よさを再現。森林浴をしているような開放感に包まれます。

みらくるな変化を起こす施術やイベントが
自由なあなたへと解放します

ヒカルランドで出版された著者の先生方やご縁のあった先生方のセッションが受けられる、お話が聞けるイベントを不定期開催しています。カラダとココロ、そして魂と向き合い、解放される、かけがえのない時間です。詳細はホームページ、またはメールマガジン、SNSなどでお知らせします。

神楽坂 ヒカルランド みらくる Shopping & Healing

元氣屋イッテル（神楽坂ヒカルランド　みらくる：癒しと健康）
〒162-0805　東京都新宿区矢来町111番地
地下鉄東西線神楽坂駅２番出口より徒歩２分
TEL：03-5579-8948　メール：info@hikarulandmarket.com
不定休（営業日はホームページをご確認ください）
営業時間11：00〜18：00（イベント開催時など、営業時間が変更になる場合があります。）
※ Healing メニューは予約制。事前のお申込みが必要となります。
ホームページ：https://kagurazakamiracle.com/

元氣屋イッテル（神楽坂ヒカルランドみらくる：癒しと健康）大好評営業中!!

宇宙の愛をカタチにする出版社　ヒカルランドがプロデュースしたヒーリングサロン、元氣屋イッテルは、宇宙の愛と癒しをカタチにしていくヒーリング☆エンターテインメントの殿堂を目指しています。カラダやココロ、魂が喜ぶ波動ヒーリングの逸品機器が、あなたの毎日をハピハピに！　AWG、音響チェアなどの他、期間限定でスペシャルなセッションも開催しています。まさに世界にここだけ、宇宙にここだけの場所。ソマチッドも観察でき、カラダの中の宇宙を体感できます！　専門のスタッフがあなたの好奇心に応え、ぴったりのセラピーをご案内します。セラピーをご希望の方は、ホームページからのご予約のほか、メールで info@hikarulandmarket.com、またはお電話で03-5579-8948へ、ご希望の施術内容、日時、お名前、お電話番号をお知らせくださいませ。あなたにキセキが起こる場所☆元氣屋イッテルで、みなさまをお待ちしております！

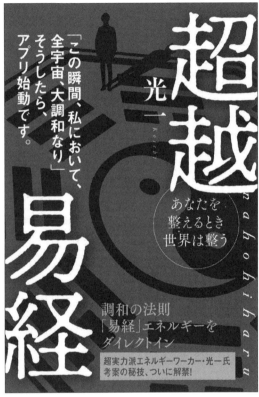